这是地理学的终结！

到目前为止，我们对地球的研究已经非常深入了。人类旅行者的脚步似乎已经遍及整个地球。地理学家们感到"绝望"……而医生和生理学家却没有这样的烦恼。

鲜为人知，甚至完全未知的"岛屿和大陆"比你想象的要近很多。这些神秘莫测的区域就在人们的身体之中。接下来，就请你以这本书为向导，到其中一些区域尽情畅游吧。

目录

肌肉骨骼系统 7
肌肉骨骼系统的功能 13
骨骼是什么样子的? 16
脊柱 19
颈椎 22
胸椎和肋骨 25
头骨 29
上肢带骨 32
手臂 33
下肢带骨 34
腿 35
人各有别 36

心脏和血管 37
这些泵将血液输送到哪里? 43
心脏的不对称形状 44
心动周期 46
动脉"口袋" 48
心跳的次数 51
生命之管 52
生命在于运动 63

呼吸系统 64
声带与声门裂 70
人和猫 71
元音和辅音 72
进入气管 73
我们身体里的"树" 74
肺泡的工作原理 75
肺通气 78
呼吸训练 82

皮肤皮层 86
皮肤外层 88
独一无二的指纹 89
什么是头皮屑? 90
为什么会晒黑? 91
真皮层 92
热和忧虑 93
你的皮肤下面藏着什么? 94
皮脂腺 94
头发的结构是怎样的,
爷爷的须发为什么会变白? 97

头发的生长周期有多长？ 98
谁有指甲？ 99
皮肤神经 100

内分泌系统 102
体液调节机制 106
激素有什么用？ 107
谁在控制一切？ 108
促激素 110
睡眠激素 111
甲状腺 112
胸腺 116
肾上腺 118
胰腺 122
性腺 124
组织激素 128

细胞系统 130
红细胞 132
巨核细胞 136
单核细胞 140
粒细胞 146

淋巴系统 151
毛细血管是如何工作的？ 152

消化系统 156
食道 163
胃 166
十二指肠 168
胰腺 171
胆管 171
小肠 172
大肠 176
肝脏 177

排泄系统 180
肾脏 182
膀胱 189

免疫系统 190
免疫系统如何识别"敌人"？ 191
淋巴细胞 193
B 淋巴细胞 194
杀手和帮手 197
免疫类型 201

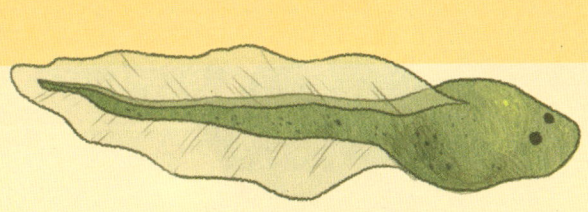

真正的旅行家在踏上旅程之前一定会先熟悉一下目的地的地图，我们今天就来了解一下人体的结构图吧。

太神奇了！人类究竟是怎么活下来的？

肌肉骨骼系统

人体和其他哺乳动物一样,由头、颈、躯干和四肢组成,它们也被称为人的身体部位。每个部位又由相应的几个部分组成。比如,躯干包括胸部和腹部,手臂包括肩部、肘部、前臂和手,腿部包括大腿、膝盖、小腿和脚。

就是说啊!

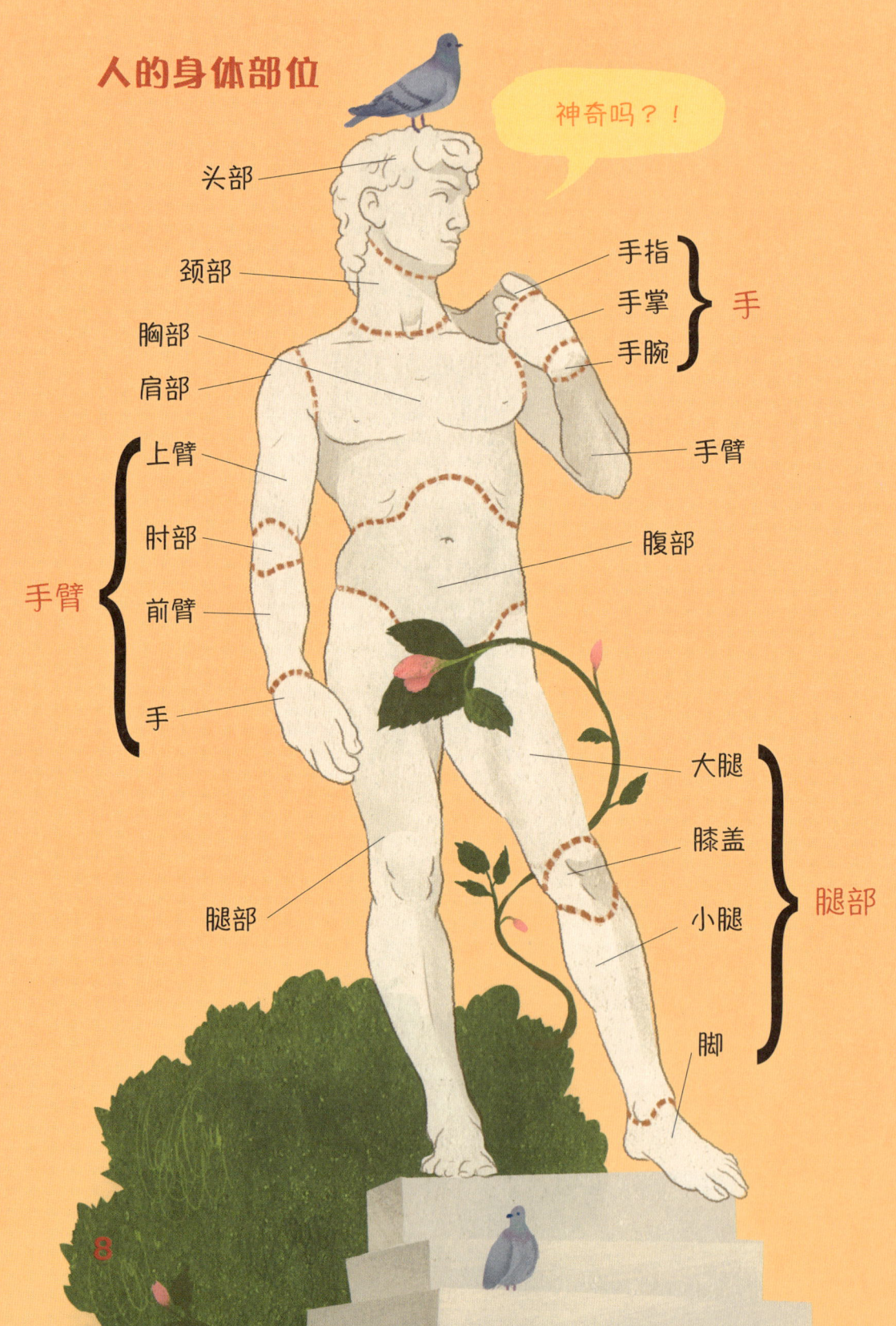

人类体腔

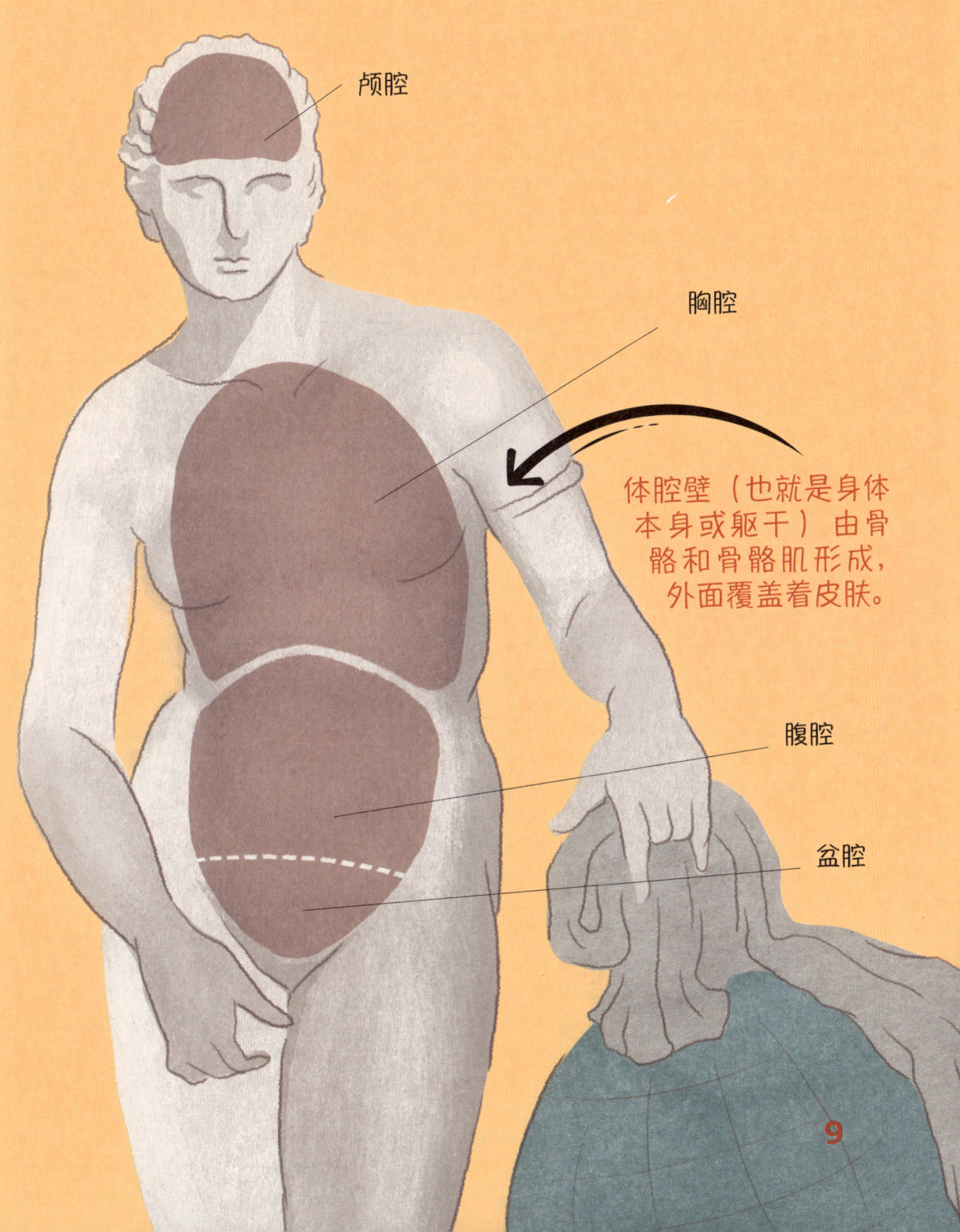

颅腔

胸腔

体腔壁（也就是身体本身或躯干）由骨骼和骨骼肌形成，外面覆盖着皮肤。

腹腔

盆腔

我们的身体除了有你看得见的外部结构，还有你看不见的内部结构。如果深入身体内部去观察，你会发现一些空腔，它们被称为体腔。

人体内部有几个容纳内脏器官的体腔，包括颅腔、胸腔、腹腔及盆腔。

成年人体内有200多块骨头和400多块骨骼肌。骨骼肌约占体重的35%~40%，而骨骼约占体重的15%。

身体的所有骨骼连接在一起，形成了一个统一的结构，这个结构就叫作骨架。

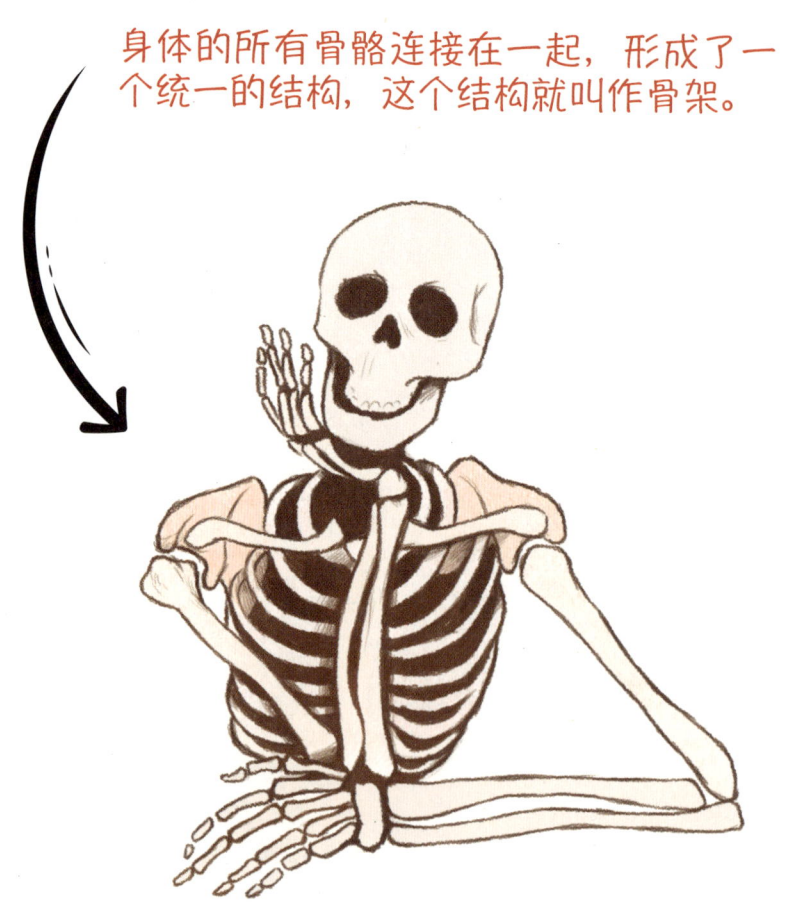

骨骼和骨骼肌相结合，形成了身体的肌肉骨骼系统。骨骼构成了人体运动系统的被动部分，而骨骼肌则构成了主动部分。纤维结缔组织和软骨组织既连接了骨骼和骨骼肌，也连接了骨架里的各块骨骼。

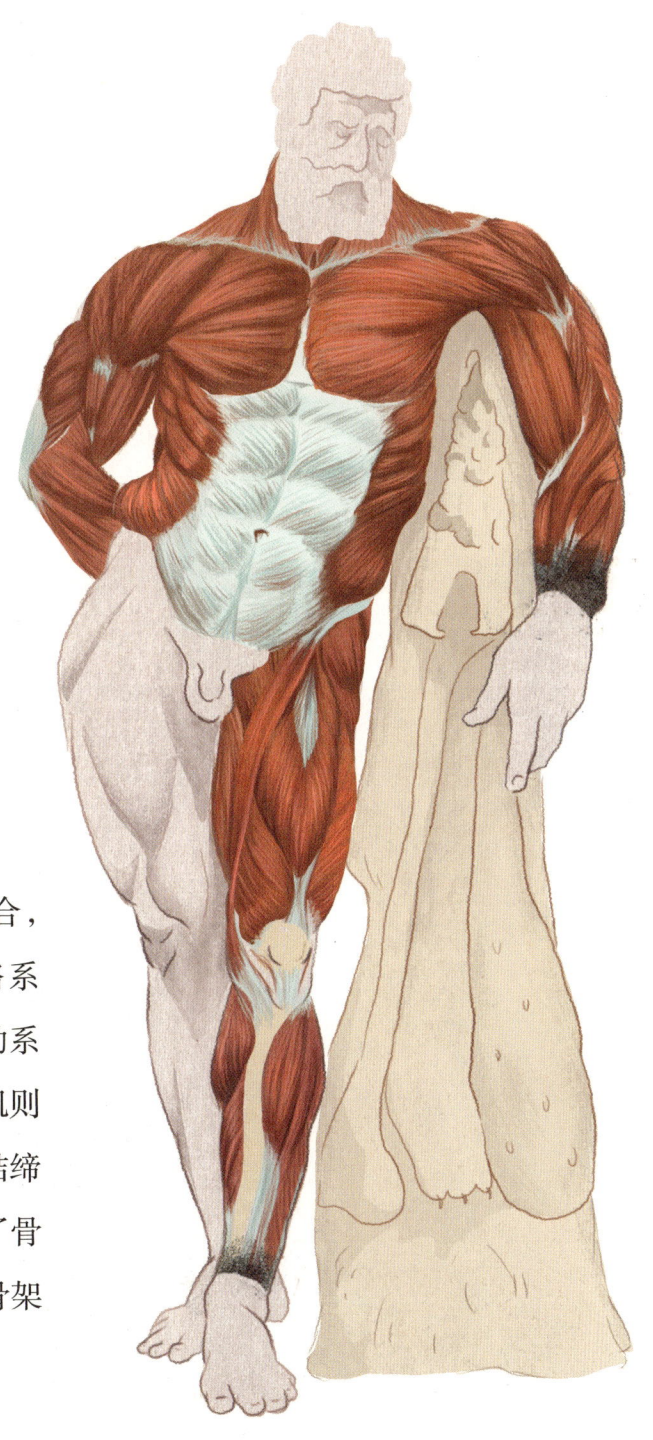

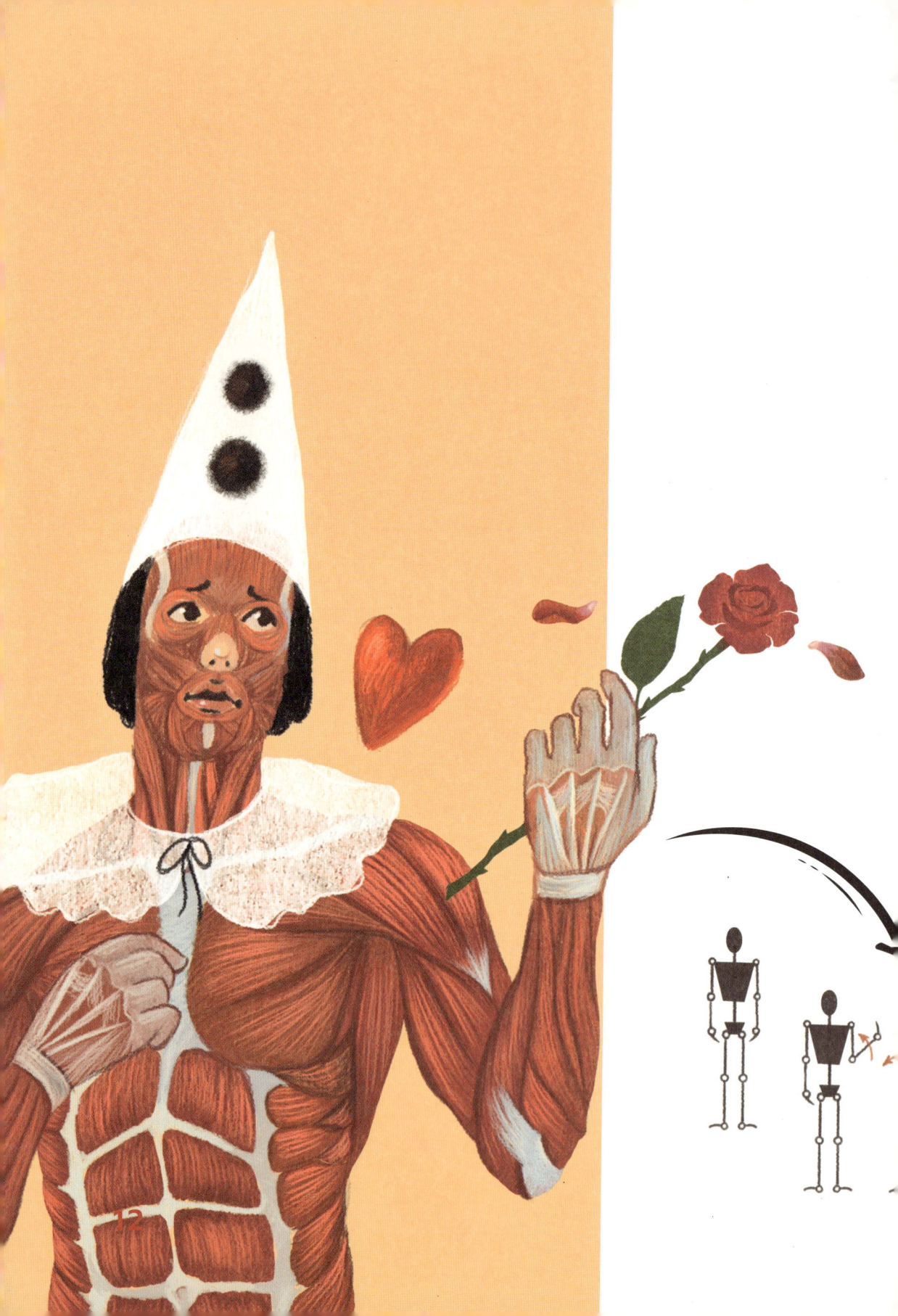

肌肉骨骼系统的功能

肌肉骨骼系统为整个身体和单个内部器官提供支撑。

肌肉骨骼系统形成了一种"框架",这种框架能够让身体保持稳定,也能让器官乖乖地待在特定的位置。例如,在腹腔中,肝脏总是位于右侧,而胃则在左侧;在胸腔中,心脏也总是偏左。

我们的身体在空间里的移动及身体各部分之间的相对移动都是通过肌肉骨骼系统实现的。

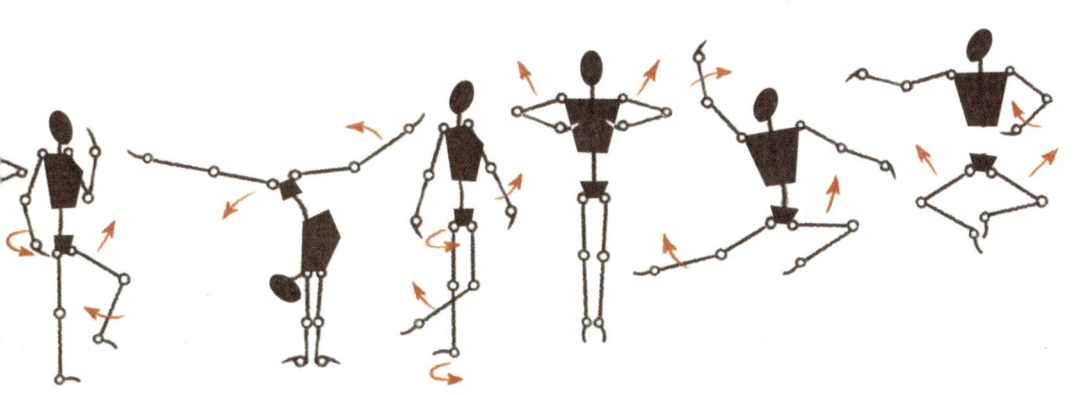

　　软体动物就没有肌肉骨骼系统，所以如果没有这样一个可靠的骨骼支架，我们就会像鼻涕虫一样了。正是因为有了肌肉骨骼系统，我们才能奔跑、步行、跳跃，我们的手、脖子和舌头才能活动。

　　除了提供支持和实现运动外，肌肉骨骼系统还可以保护我们的内脏器官呢！

　　比如头骨、肋骨、盆骨和腹部肌肉就有这样的功能。

　　肌肉骨骼系统还会参与呼吸、消化、视觉、排泄等工作。

　　骨骼可以储存钙并含有造血组织，而肌肉则是体内热量的主要来源。

骨骼是什么样子的？

现在我们把目光转移到骨骼上。说到骨骼，我们总会想起生物学课堂上的人体骨架模型。其实，骨骼是我们身体结构中最重要的部分，其中的每一块骨头都是一个独立的器官。

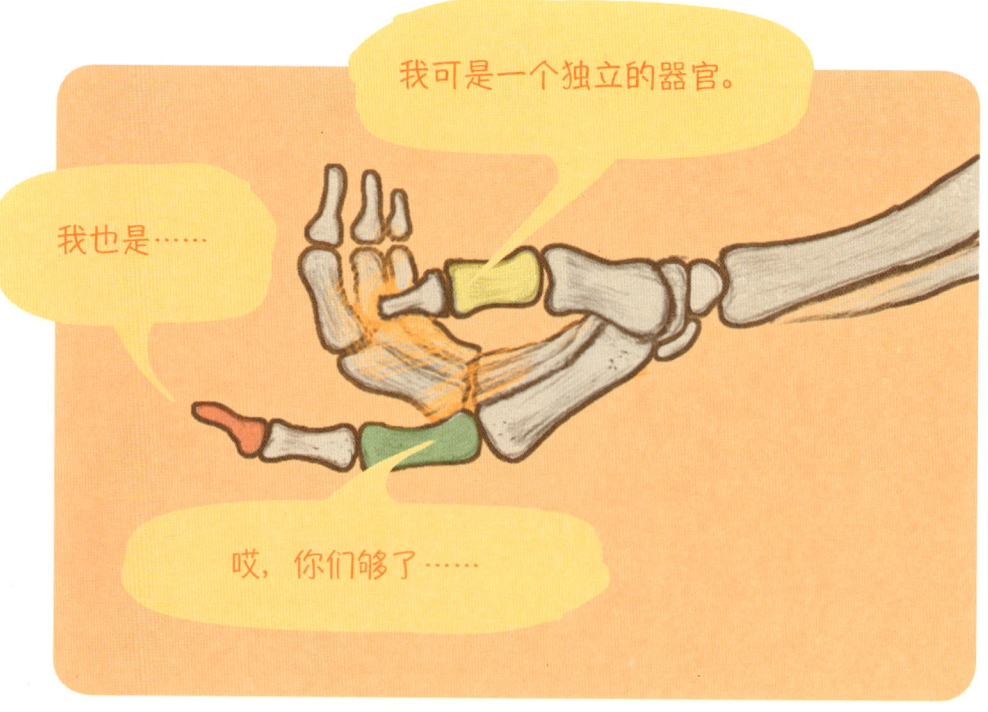

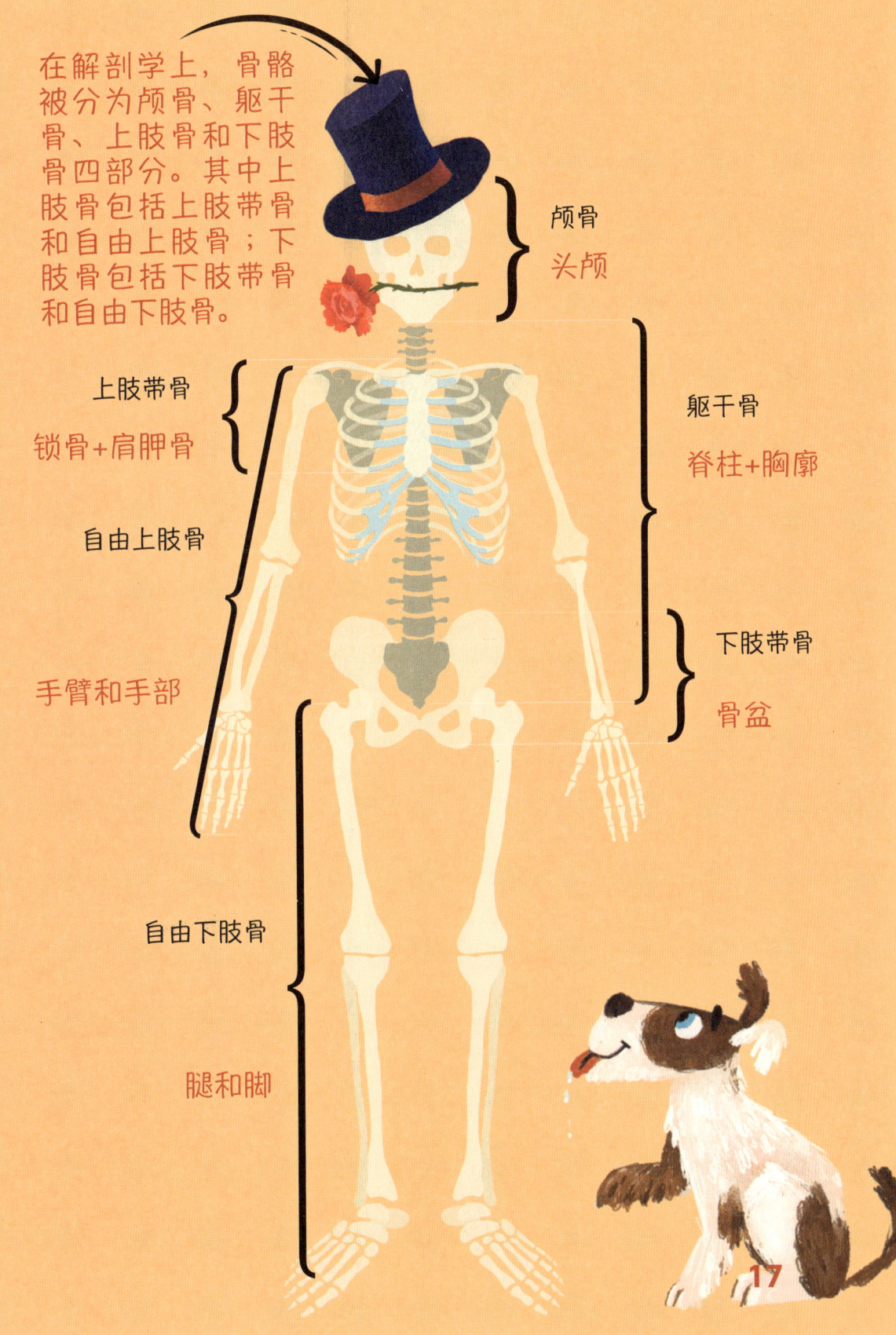

在解剖学上,骨骼被分为颅骨、躯干骨、上肢骨和下肢骨四部分。其中上肢骨包括上肢带骨和自由上肢骨;下肢骨包括下肢带骨和自由下肢骨。

颅骨
头颅

上肢带骨
锁骨+肩胛骨

自由上肢骨

手臂和手部

躯干骨
脊柱+胸廓

下肢带骨
骨盆

自由下肢骨

腿和脚

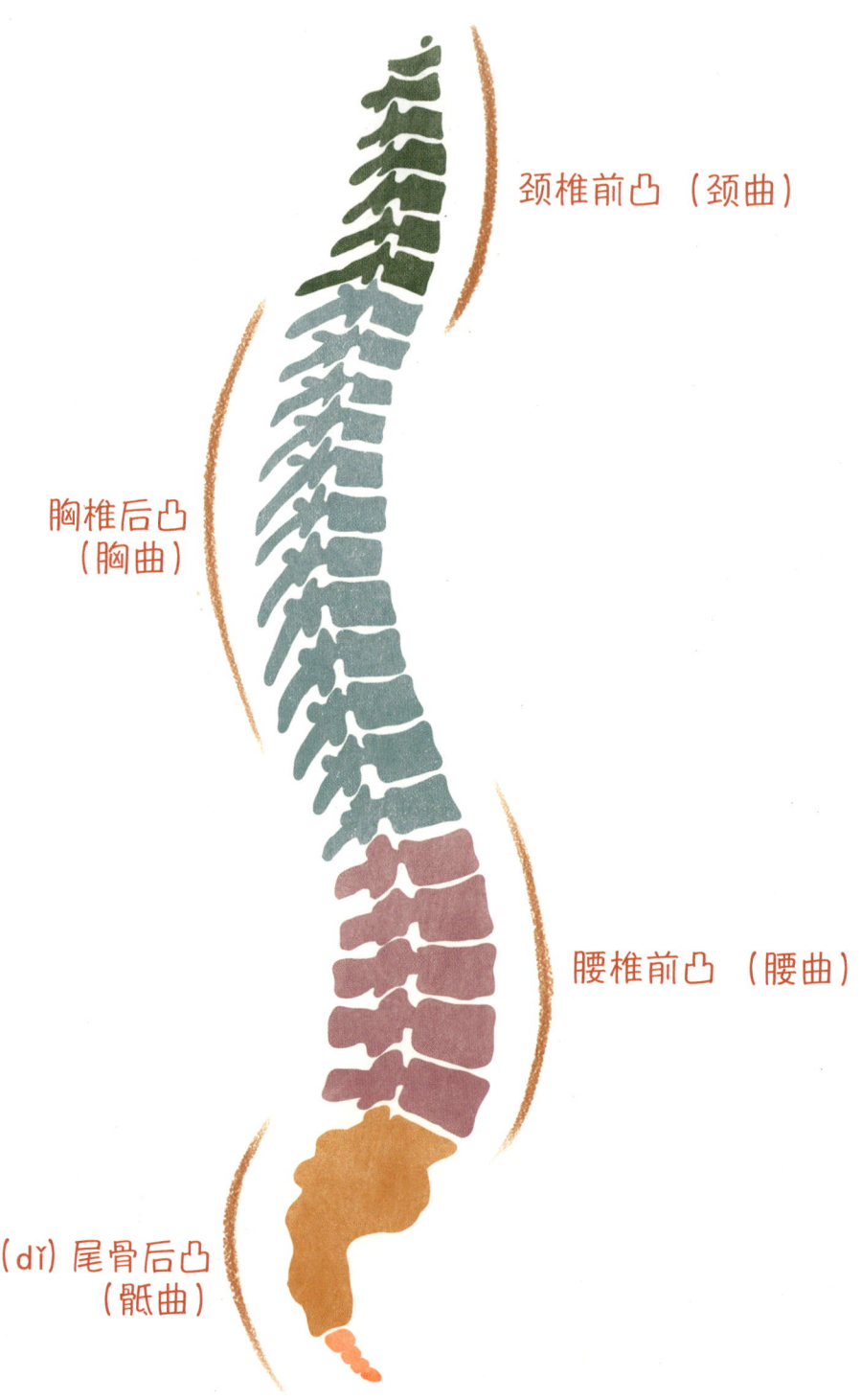

脊柱

骨骼的中心部分是脊柱,又叫脊椎。

脊椎由33块(有些时候是34块)被称为椎骨的小骨头组成,这些椎骨通过软骨相互连接,这种连接方式被称为半活动连接。

软骨的弹性使得连接具有一定的活动性,同时又能保持稳固。只有骶骨的五块椎骨彼此固定连接,它们牢固地结合在一起。

脊柱有四个弯曲,两个向前,两个向后。这些前后弯曲交替排列,形成一种类似弹簧的结构。

这样,脊柱就能像弹簧一样自动缓冲行走、跑步和跳跃时产生的骨骼振动。

脊柱的弯曲在婴儿出生后的第一年形成：
第一次是在婴儿能够抬头的时候，
第二次是在他坐起来的时候，
第三次是在他站起来的时候，
第四次是在他开始走路的时候。

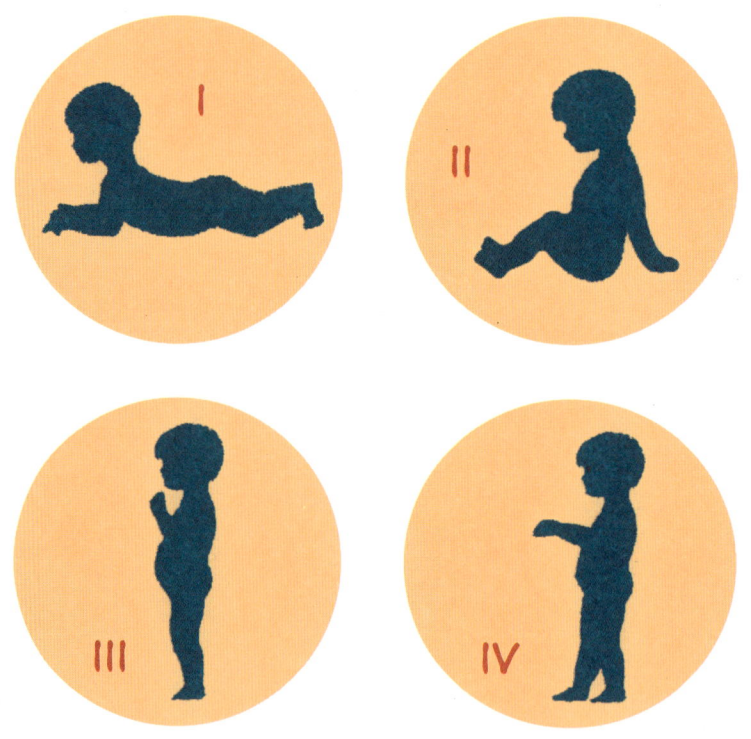

黑猩猩的脊柱只有两个弯曲。

为了纪念人类祖先曾经拥有的尾巴,脊柱保留了一个由不完整、不发达的椎骨组成的尾椎部分。尾椎通常有四块,但有时也会有五块。

大多数椎骨都有巨大的椎体,椎弓连接在椎体上。椎体和椎弓之间是椎孔。这些开口组合成脊髓所在的椎管。脊柱对脊髓起着保护作用。

椎弓上有各种形状的突起。这些突起可以分为棘(jí)突、横突和关节突。我们可以在后背上摸到棘突,它限制了脊柱的活动范围。关节突的作用是进一步将椎骨连接起来,而横突则连接着骨骼肌。

颈椎

前两节颈椎和胸椎的结构不同于其他椎骨。

第一节颈椎叫作寰（huán）椎。

寰椎没有椎体，椎弓有一个与颅骨的枕骨相连的面，还有一个与第二节颈椎相连的孔。

第二节颈椎叫作枢锥。

枢椎的椎体上有一个突起，被称为齿状突。这个突起插入寰椎的孔，在脊柱和头骨之间提供了一个活动范围相当大的连接。想象一下一根竹竿顶上套着一口锅的样子，头骨就是这么"套"在枢椎的齿状突上的。

脊椎的结构

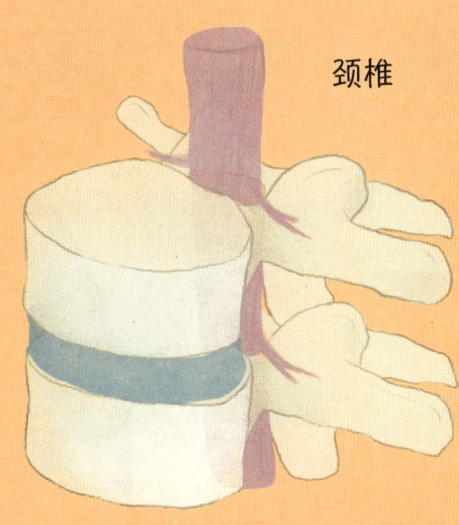

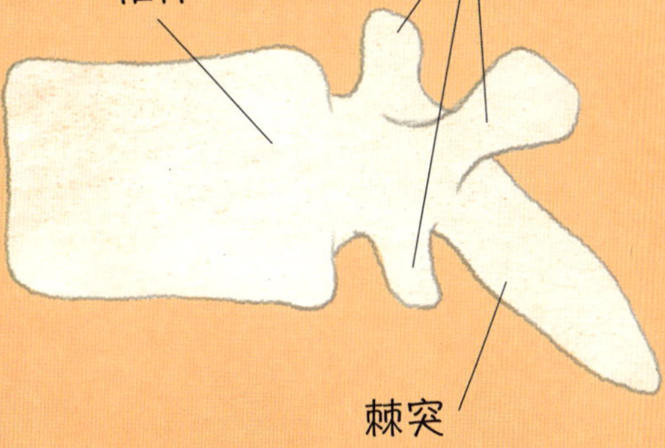

颈椎

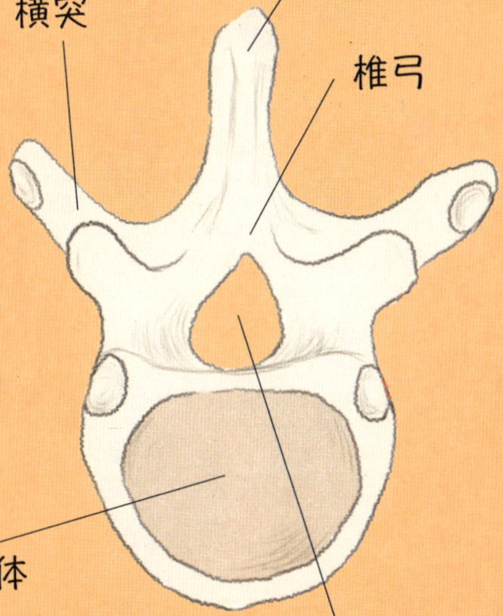

棘突
椎弓
横突
椎体
椎孔

椎体
横突
棘突

23

寰椎和枢椎的连接处

枢椎齿状突（轴）

寰椎

枢椎

胸椎和肋骨

胸椎有关节窝,连接着肋头(肋骨的头部)。人总共有12个胸椎,相应地也有12对肋骨。肋骨是一种弧形的细长骨头。

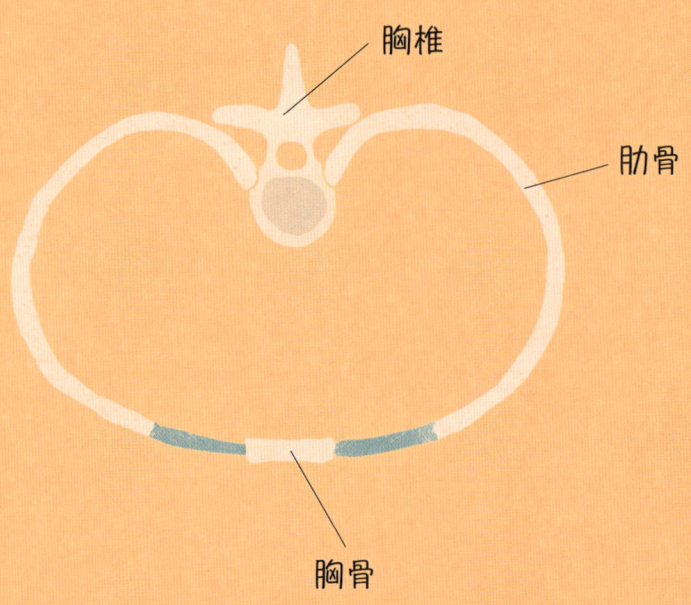

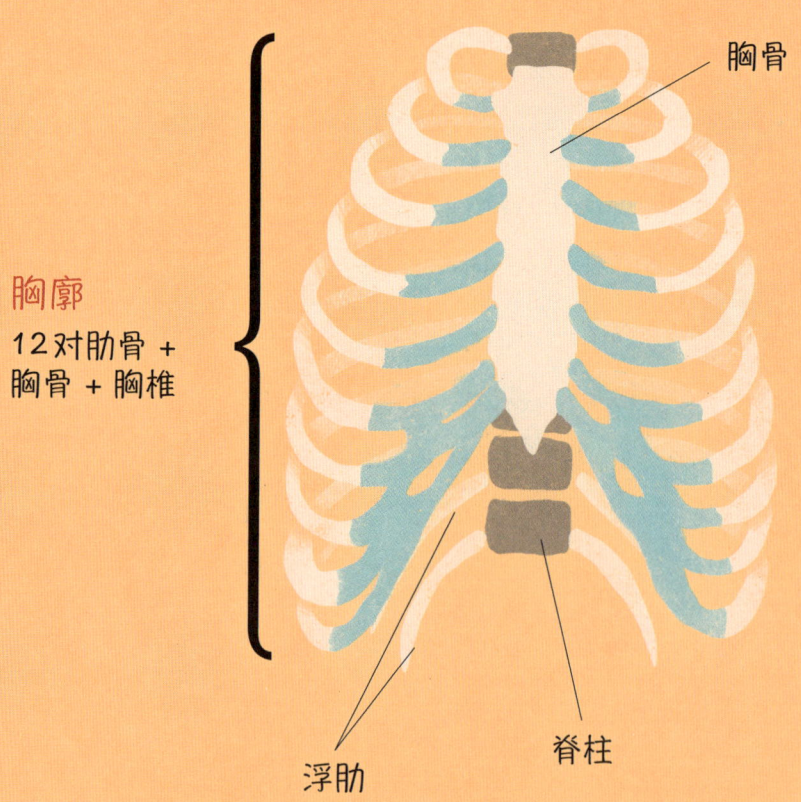

通常，肋骨的头部与胸椎相连，尾部则长有软骨（肋软骨）。在前八对胸椎中，这些肋软骨突起与巨大、扁平的胸骨相连。而在第9和第10对肋骨中，上一肋骨的末端只延伸到上一肋骨的软骨。第11和第12对肋骨与胸骨没有直接连接。这些肋骨被称为"浮肋"，在摔倒或受到冲击时更容易折断。

胸椎、肋骨和胸骨组合成胸腔，胸腔和脊柱构成了躯干的骨架。

美丽的代价

有趣的是，好莱坞女演员通常会切除浮肋，使腰部看起来更加纤细和修长。做这种手术是有代价的，那就是造血组织的数量会减少，造血组织是集中位于骨骼内的红骨髓。

头骨

头骨，或称颅骨，由两个部分组成：脑颅骨和面颅骨。

面颅骨由结合起来的扁平骨和具有许多空腔的骨骼（含气骨）组成。面颅骨中最大的骨骼是上颌骨和下颌骨。下颌骨与面部其他骨骼无直接连接，它与脑颅骨的颞（niè）骨构成颞颌关节。

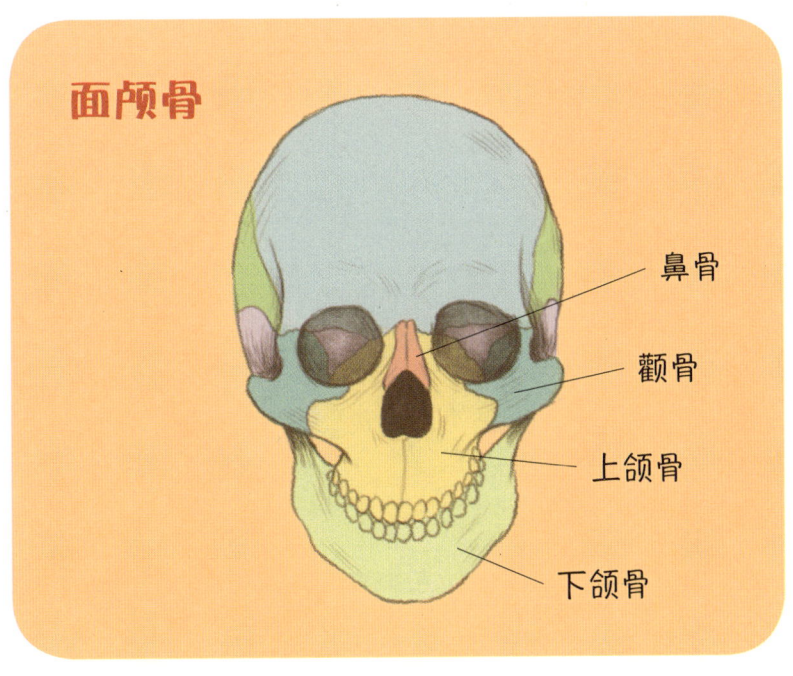

面颅骨

- 鼻骨
- 颧骨
- 上颌骨
- 下颌骨

面颅骨为呼吸系统和消化系统的起始部分提供支撑。

脑颅骨由颅顶、侧壁和颅底构成。颅底由枕骨构成，它是颅骨中最粗大的骨头。侧壁由颞骨及筛骨和蝶骨构成。颅顶由顶骨和额骨构成。

大多数颅部骨骼通过骨缝相互连接。在这种连接方式中，每个骨头的齿状突起紧密地嵌入另一骨头的凹槽内。这种连接使得骨头在接触处变厚，从而使颅骨更加坚固。

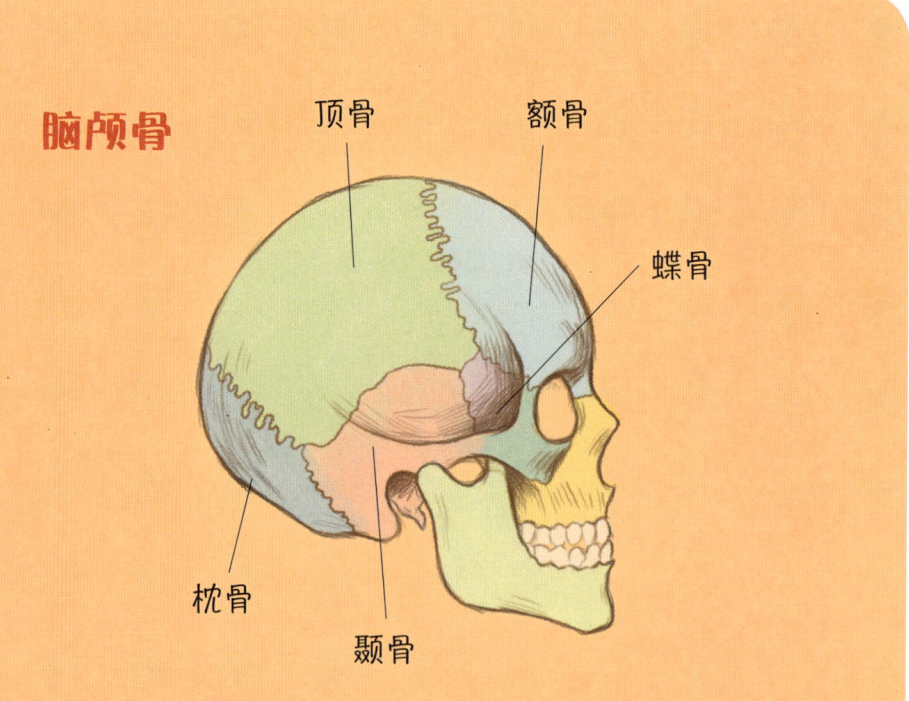

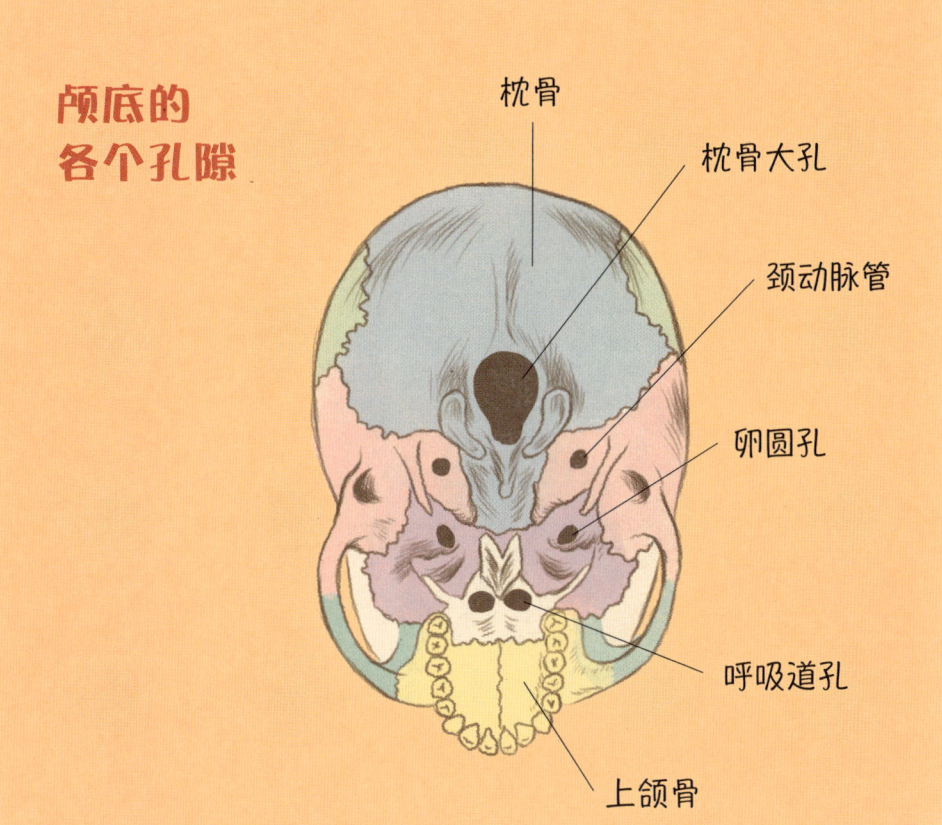

颅底的各个孔隙

- 枕骨
- 枕骨大孔
- 颈动脉管
- 卵圆孔
- 呼吸道孔
- 上颌骨

　　枕骨有许多孔和突起。这些孔作为通道供神经和血管通过。最大的是枕骨大孔，它连接颅腔和脊髓穿过的脊髓管。

　　人类的脑颅骨比面颅骨更发达，而猴子则相反。猴子的下颌骨更强壮，眉弓更加突出。

人类与猴子的颅骨差异显著。

上肢带骨

上肢带骨的骨架包括两个S形的锁骨，锁骨的一端通过软骨与胸骨相连，另一端与巨大的肩胛骨相接。肩胛骨位于身体的背部，平衡胸腔的重量，有利于人类在直立行走的过程中保持平衡。狗狗等四足哺乳动物的肩胛骨明显比我们人类的小而轻。

在肩胛骨的一侧有一个关节窝，肱骨插入其中，形成肩关节。该关节将手臂连接至上肢带骨。肩胛骨之间并不相连，因此肩关节不是固定的，这样上肢就会更加灵活。

手臂

上肢（即手臂）的骨骼由位于上臂的肱骨、位于前臂的尺骨和桡骨，以及手骨组成。手臂的所有骨骼都通过关节相互连接，所以我们的手臂才能如此灵活。

手部结构的特点是有修长的四指和向外张开的大拇指。

这种结构有利于我们抓握各种物体，而猴子就做不到这一点。

手如此灵活，真奇妙！

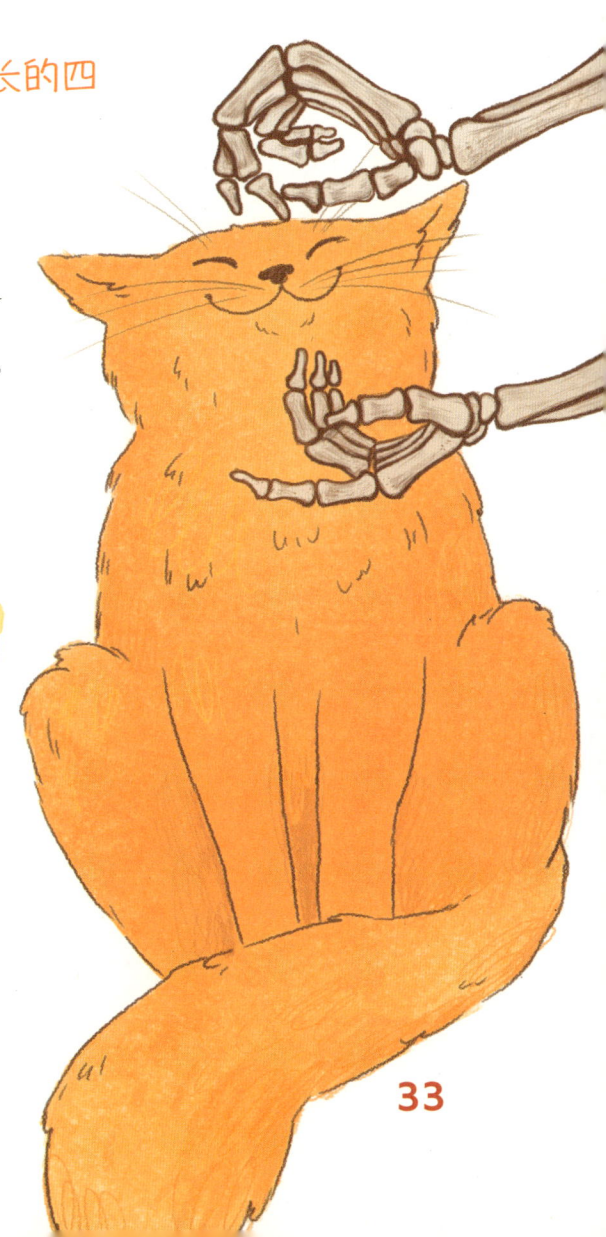

下肢带骨

下肢带骨的骨架由两块髋（kuān）骨组成，它们的宽端与骶骨连接，窄端则互相结合，形成一个支撑内脏的碗状结构骨盆，并使下肢带骨本身闭合。髋骨上有髋臼，股骨头进入其中形成髋关节。下肢带骨在髋关节帮助下连接到腿骨。

碗状骨盆是人类骨骼的独有特征，与直立行走有关，而狗狗的骨盆是外伸的。

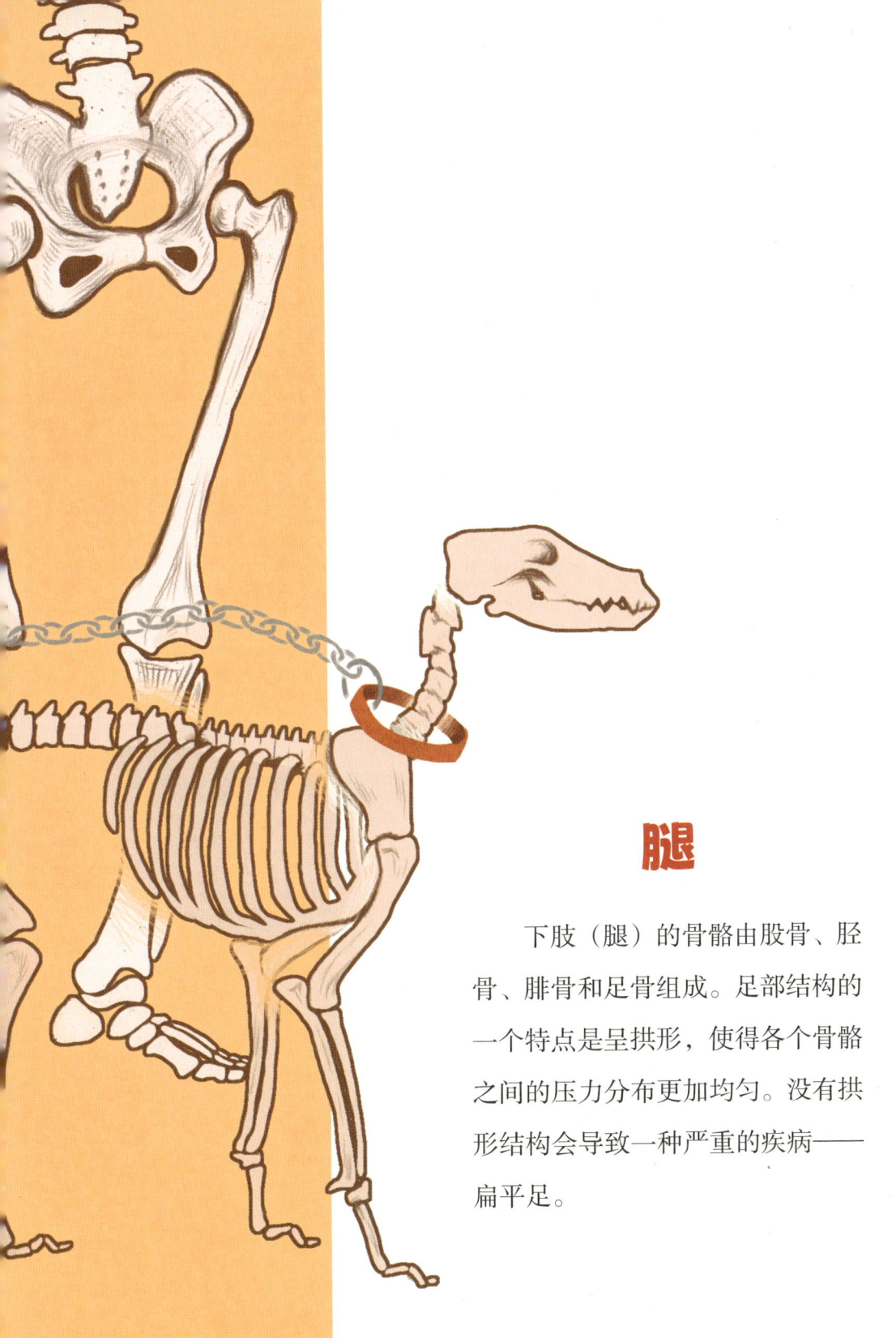

腿

  下肢（腿）的骨骼由股骨、胫骨、腓骨和足骨组成。足部结构的一个特点是呈拱形，使得各个骨骼之间的压力分布更加均匀。没有拱形结构会导致一种严重的疾病——扁平足。

人各有别

了解了骨骼系统后，还有一点值得注意，尽管骨骼的结构在整体上是相似的，但个体之间看起来并不一致，主要体现在骨骼的大小和它们之间的不同比例上。这是因为附着在骨骼上的肌肉大小因人而异。骨组织不断自我更新，使骨骼适应作用在它们身上的压力。这样一来，人类学家就能够根据头骨还原远古祖先的面貌。现在我们已经开发出了一些计算机程序，能更快、更客观地完成这项工作。

至此，我们已经完全掌握了自己的身体"地图"，可以安心地在"地图"的指引下踏上旅程了。

心脏和血管

我们地图上的第一站是心脏,古人认为心脏是"灵魂的栖居地"。

每个人的胸腔中都有一个强大的泵（bèng），将人体中最重要的液体——血液——送到全身。这个泵在人一生中昼夜不停地工作。

为了了解这个泵是如何工作的。为此，我们来一起仔细观察心脏的内部吧。

我们一眼就能看出，心脏中的泵不是一个，而是两个。它们之间被一道隔膜隔开。每个泵又由两个腔室组成：心房和心室。心房和心室由带瓣膜的横膈膜隔开。瓣膜发挥着最重要的功能：它只允许血液单向流动——从心房到心室。

瓣膜结构类似一个非常精密的装置：边缘处有一个孔连接心房和心室，瓣叶则连接在心室壁上。

这些有弹性且坚固的瓣叶呈三角形，其顶端通过特殊的腱索固定在心室底部。

心脏的结构

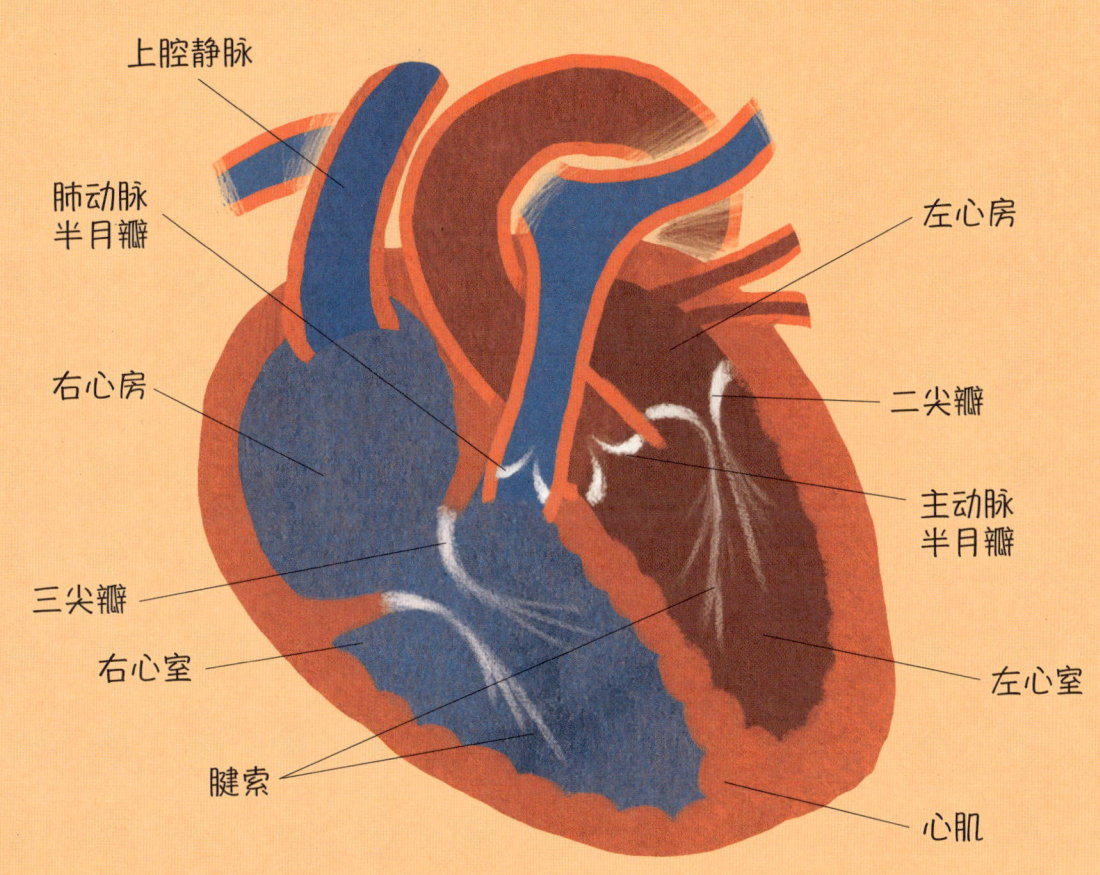

39

心脏瓣膜的结构和工作原理

A. 心脏瓣膜的结构

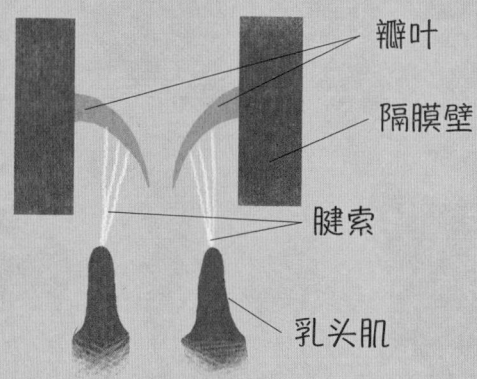

B. 瓣膜的工作原理

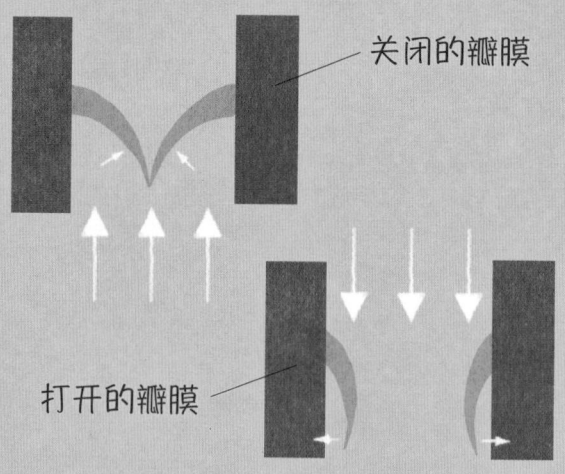

C. 闭合的瓣膜（俯视图）

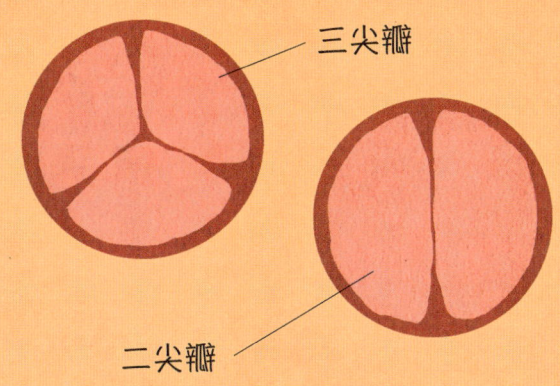

三尖瓣

二尖瓣

　　血液从心房流向心室时，瓣叶分开，不会阻碍血流。血液反向流动时，瓣叶会向心房方向移动并闭合，阻断血流路径。腱索可以使瓣叶牢牢地闭合。

　　我们心脏中的两个泵体积相等，结构相似。但也有一些不同之处：左侧的有两个瓣叶，而右侧的有三个瓣叶。

大循环（体循环）和小循环（肺循环）

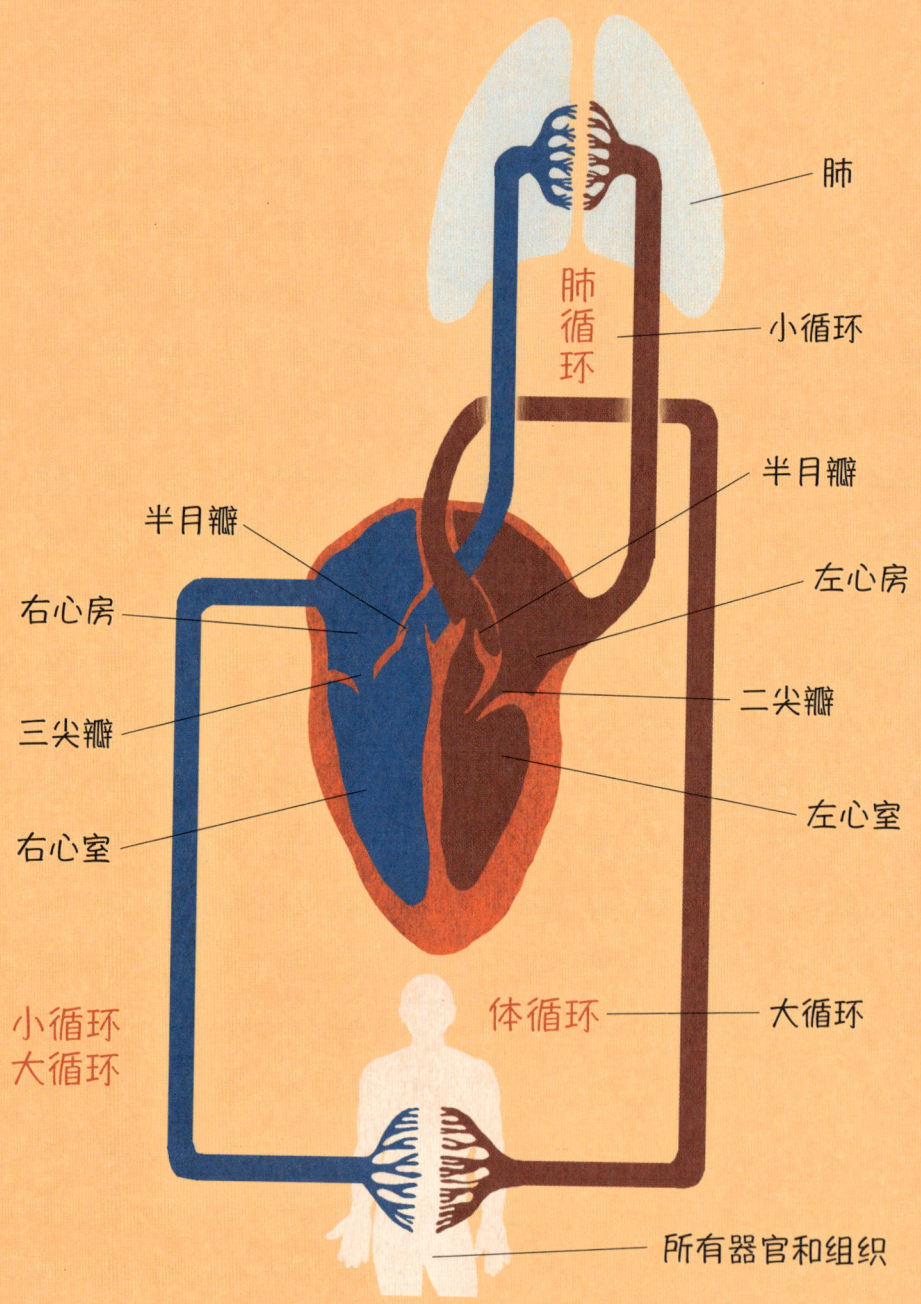

这些泵将血液输送到哪里？

右泵将血液输送到肺部，血液在那里吸满氧气，然后返回到左泵的心房。这条循环路径被称为小循环（肺循环）。

左泵将血液送到所有器官和组织，血液向器官和组织输送氧气并接收二氧化碳后，再返回右心房。这条循环路径被称为大循环（体循环）。

心脏的不对称形状

在大循环中，输送血液需要心脏付出巨大的努力，因此，左心室壁更为发达。这就是心脏形状不规则、不对称的原因。情人节卡片上人们熟悉的心形图案和人类的实际心脏结构无关。拥有对称心脏的最发达的生物是鱼类。因此，当你送给心爱的人一张有着对称心形的情人节卡片时，就好像在说："我的小鱼儿。"

心动周期

　　心脏周期性地泵血。将手放在左胸，你就可以感受到这一过程。心动周期分为三个阶段，在第一阶段，心房壁会收缩，减少容积，给充盈心房的血液增加压力，刺激瓣膜打开，促使血液进入心室。随后心室壁收缩，重复与心房相同的过程，只是血压达到更高的值，并被泵入动脉：从左心室进入主动脉，从右心室进入肺动脉。心动周期结束时，心脏所有腔室的壁都会松弛下来，新的血液流入其中。

心动周期各个阶段

A. 心房收缩阶段

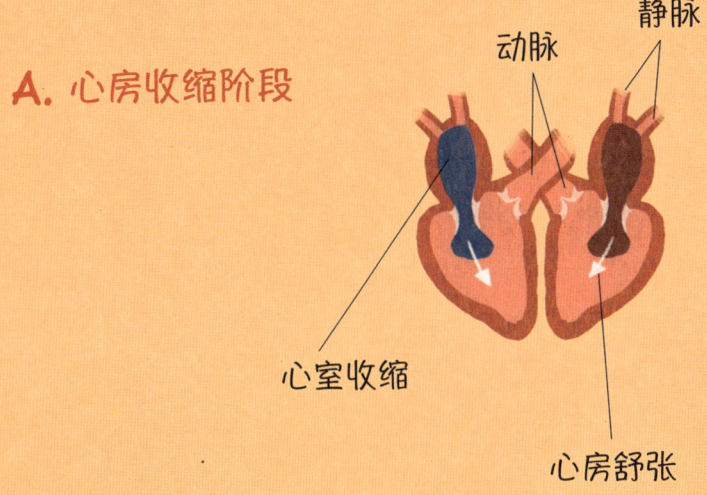

动脉　静脉

心室收缩

心房舒张

B. 心室收缩阶段

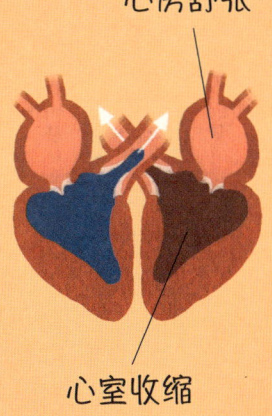

心房舒张

心室收缩

C. 舒张阶段

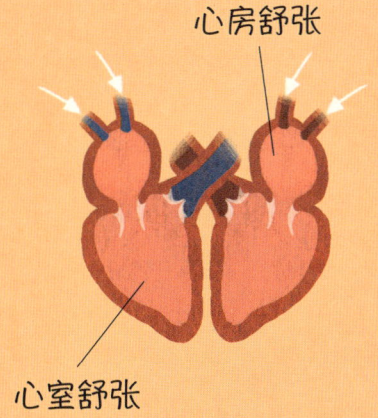

心房舒张

心室舒张

动脉"口袋"

动脉血不会返回心脏，动脉壁上的另一种瓣膜阻止了这种回流。

它们就像一个个凸起的口袋，阻挡着血液向后流动。这些瓣膜由于形状特殊而被称为半月瓣或口袋瓣。

半月瓣的工作原理可以通过衬衫口袋轻松演示：如果用手从下往上摸过衬衫，经过口袋时口袋会被压下，而不会影响手继续运动。如果用手从上往下摸过衬衫，手会伸进口袋，填满它。

心脏壁的收缩由心肌实现。心肌由无数相互交织的肌纤维组成。每根纤维都由大量独立的细胞构成，这些细胞彼此相连，并通过特殊的方式连接邻近纤维的细胞。有了这些连接，电信号就能没有延迟地从一个细胞传递到另一个细胞，就好像它们沿着一根连续的导体传播一样。

在心肌细胞中，有一小部分细胞具有不同寻常的特点：它们能够自发地以恒定频率产生和传播电信号。这一属性被称为自律性，与它们细胞膜的特殊结构有关。自律细胞集群形成自律中枢和贯穿整个心肌的纤维。它们共同构成了心脏的传导系统。

自律中枢确定了心脏的工作节奏，而传导系统的纤维将信号从这些中枢在正确的时间传送到正确的位置。有了这个系统，心脏的心房和心室就能按照正确的顺序收缩，形成心动周期。

自律中枢位于右心房壁与腔静脉汇合处，这个中枢被称为窦房结，它决定了心脏的节律——每分钟心跳约70次。传导系统的心房纤维起源于此，并会聚在心房与心室的交界处——房室结。然后，一大束传导纤维沿着房室结延伸至心脏的顶点，并在此处分支至整个心肌。如果自律中枢失灵，它的工作就会由房室结这"第二中枢"接手。

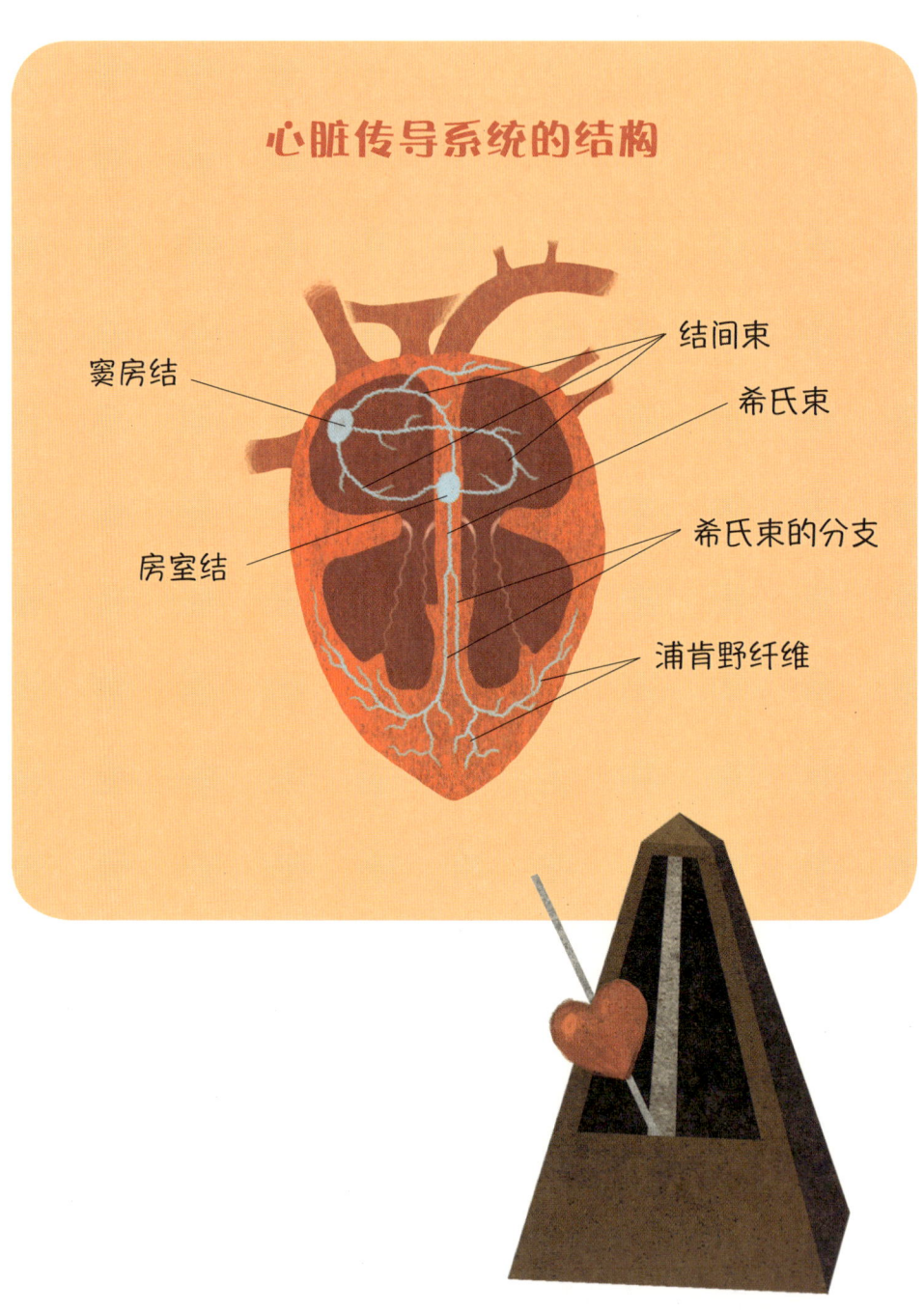

心跳的次数

自律细胞相对较少,心肌的大部分由能够对接收到的信号做出良好收缩反应的细胞组成。它们非常勤奋,不知疲倦。心脏平均每分钟收缩约70次,每小时收缩约4200次,每天收缩约100800次。在人的一生中,心脏大约收缩30×10^8次,泵出2.25亿~2.5亿升血液。

生命之管

到这里,我们就学完了泵血的器官——心脏的结构。现在,我们来了解一下容纳血液流动的血管。传统上,血管分为三种:从心脏输送血液的动脉、向心脏输送血液的静脉,以及连接它们的毛细血管。动脉和静脉不仅功能不同,结构也有所区别。

动脉和静脉的结构

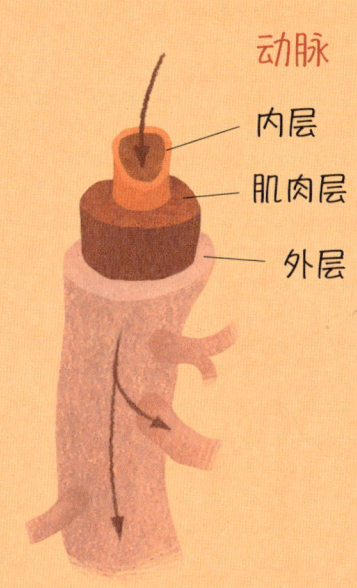

动脉
- 内层
- 肌肉层
- 外层

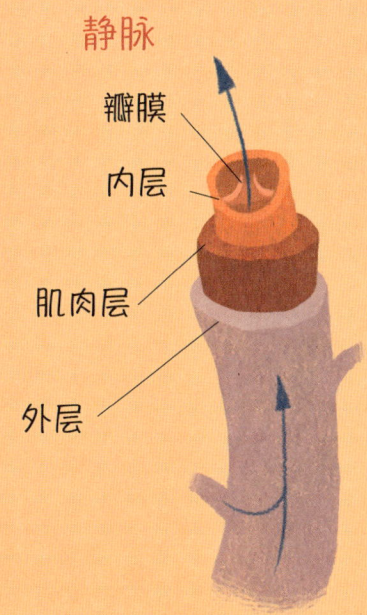

静脉
- 瓣膜
- 内层
- 肌肉层
- 外层

大动脉有多层管壁。外层由坚韧的纤维结缔组织组成，中心层是平滑肌，内层形成血液的边界。平滑肌层的两侧有许多特殊弹性蛋白纤维。大动脉壁的厚度很大，但比起血管腔就显得相当薄了。当大动脉壁收缩时，其腔径变化不大。

　　现在你已经知道，心脏不是连续地输送血液，而是一次次地分批将血液泵出。每次泵出血液后，新一批血液又会将心脏充满。因此，血液在人体内的流动是连绵不断的。

　　为什么会这样呢？我们可以通过参与大循环的血管来解释。心脏将血液以约120毫米汞柱[①]的压力泵入主动脉。

　　心脏消耗的主要能量用于推动血液的进一步流动。不过，也有一部分能量用于拉伸主动脉和其他大动脉的弹性血管壁。

[①] 毫米汞柱即毫米水银柱，是指直接用水银柱高度的毫米数表示压强值的单位。——编者注

A. 血液从心脏泵出的阶段

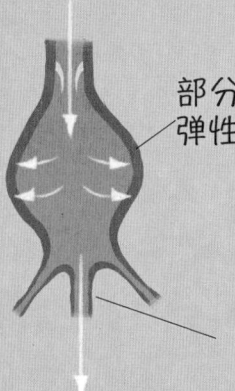

—— 心室将血液泵入动脉

—— 部分能量用于拉伸弹性血管壁

—— 大部分能量用于使血液通过血管

B. 心脏充满血液的阶段

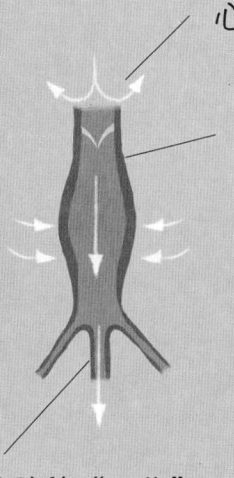

—— 心脏的血液停止流入动脉

—— 先前被拉伸的动脉壁因弹性恢复原状，血压升高

—— 由于动脉壁的"工作"，血液继续流动

左心室停止泵送血液时，这些具有弹性的血管壁努力恢复到初始状态，同时，压力下降了三分之一，大概到80毫米汞柱，这样，血液就能继续在血管中流动。

我们熟悉的120/80这个数字显示了大循环中动脉在心动周期不同阶段的血压。如果上下值之间的差值增大，说明血管逐渐失去弹性。上了年纪可能会出现这种情况，这时就应该去看医生了。

小动脉的结构与大动脉大致相同，但其平滑肌要厚得多，而且没有弹性纤维。跟管腔比起来，平滑肌非常发达，全力收缩时可以完全关闭血管，阻止血液流动，有效调节组织的血液供应。小动脉对激素和其他生物活性物质及神经系统发出的指令反应最为明显。

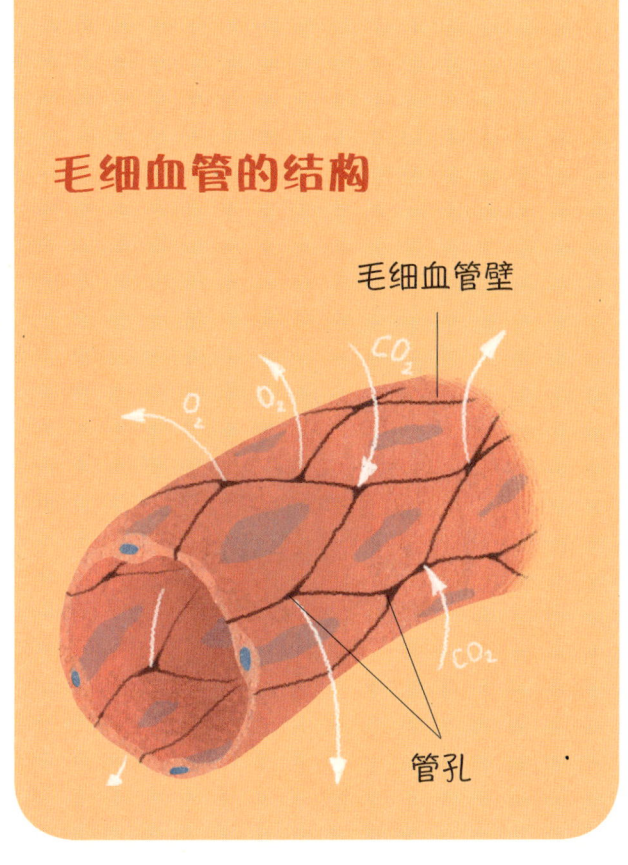

毛细血管的结构

毛细血管壁

管孔

　　毛细血管的管壁最薄。它们由一层鳞状细胞组成，鳞状细胞位于由蛋白质构成的支撑网上。这层薄薄的屏障允许物质在血液和组织之间流动。物质从高浓度区域向低浓度区域移动，其驱动力叫作扩散。

　　毛细血管遍布几乎所有组织，形成密集的网络，但眼睛的角膜、牙齿、头发、指甲和皮肤的最上层表皮层没有。密度最大的毛细血管网在肺、大脑和各种腺体中。回肠肌中也有密集的毛细血管网。

多亏了双腿的平滑肌，我的血管依然完好无损。

　　一些组织缺氧会刺激新毛细血管的产生，使毛细血管网变得更加密集。如果一个人长期生活在高海拔地区，就会出现这种情况。回到平原后，各器官的供血量会增加，效率也会提高。所以运动员才会在高海拔基地进行体育训练，可不是出于对高山度假胜地的热爱哦。

静脉壁与动脉壁相似，但要薄得多。静脉的外层具有良好的伸展性，因此可以作为储存血液的仓库。静脉通常含有总血量的60%以上。有的静脉壁几乎没有平滑肌。静脉位置越低、离心脏越远，其平滑肌层就越厚。这是因为静脉需要对抗血管柱因重力产生的压力，从而把血液泵向心脏。腿部静脉壁的平滑肌最发达。

静脉的另一个特点是存在大量半月形瓣膜。这些瓣膜使血液更容易返回心脏。比如"肌肉泵",即许多静脉周围的骨骼肌收缩,作用于薄薄的静脉壁,使得血液沿着静脉向心脏和毛细血管流动。然而,血液向毛细血管的回流被半月瓣阻挡,唯一的流向便是心脏。这一点对于腿部尤为重要。

　　不仅骨骼肌,附近的动脉搏动也能以类似的方式作用于静脉。上述每种机制都是独立的,但它们共同使静脉血液流向心脏。

　　心脏和血管与所有其他内脏器官一样,在神经和内分泌系统的控制下工作。这些系统根据具体需要引导血液流经各器官。

静脉血液回流的辅助机制——"肌肉泵"

A. 静脉血管周围的骨骼肌收缩之前

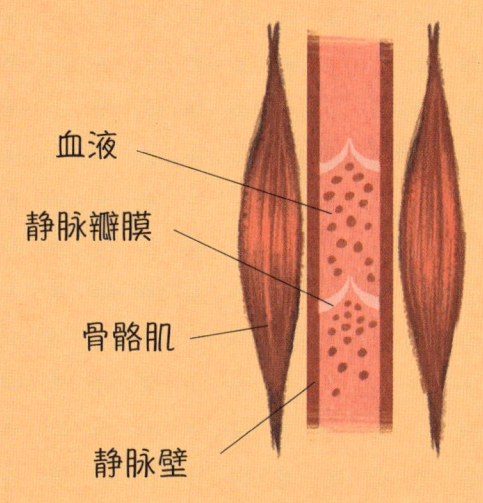

- 血液
- 静脉瓣膜
- 骨骼肌
- 静脉壁

B. 静脉血管周围骨骼肌收缩

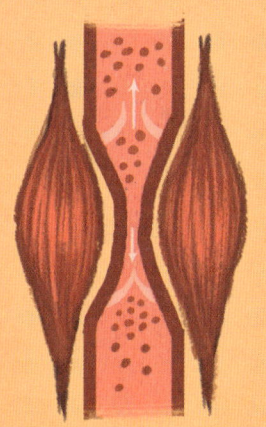

C. 静脉血管周围骨骼肌收缩之后

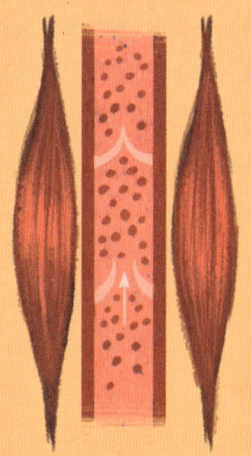

在压力下，流经骨骼肌的血流量会增加（比如跑步），流经大脑的血流量会增加（比如必须抬头挺胸），流经肾脏的血流量也会增加（这样你就不会被自己的代谢物毒死）。与此同时，流经消化器官的血液会减少（这个时候可顾不上吃东西），流经性器官的血液也会减少（人会暂时忘记谈情说爱）。这种调节是由中枢神经控制的。

通常被称为"局部"的机制在控制血流量方面发挥着重要作用。某个组织开始积极工作时（肌肉收缩、腺体分泌、大脑思考等），就会形成额外的生命活动产物——乳酸、氢离子和钾离子、碳酸和磷酸基团等。

其中许多物质都有扩张血管的作用，从而增加了流经运作活跃的器官的血流量。人们普遍认为，进餐时大部分血液都流向胃部，而在执行复杂任务时则流向头部，这些现象基于严格的生理机制。

生命在于运动

在结束对心脏和血管的参观时,我们需要再次提醒的是,人体中最重要的液体是血液。它只有在不断流动、循环的情况下,才能实现其众多功能。因此,确保血液循环的心脏和血管是十分重要的器官。

呼吸系统

接下来，我们一起参观呼吸系统。我们将从鼻腔开始，沿着呼吸道与气流的方向一起游览。

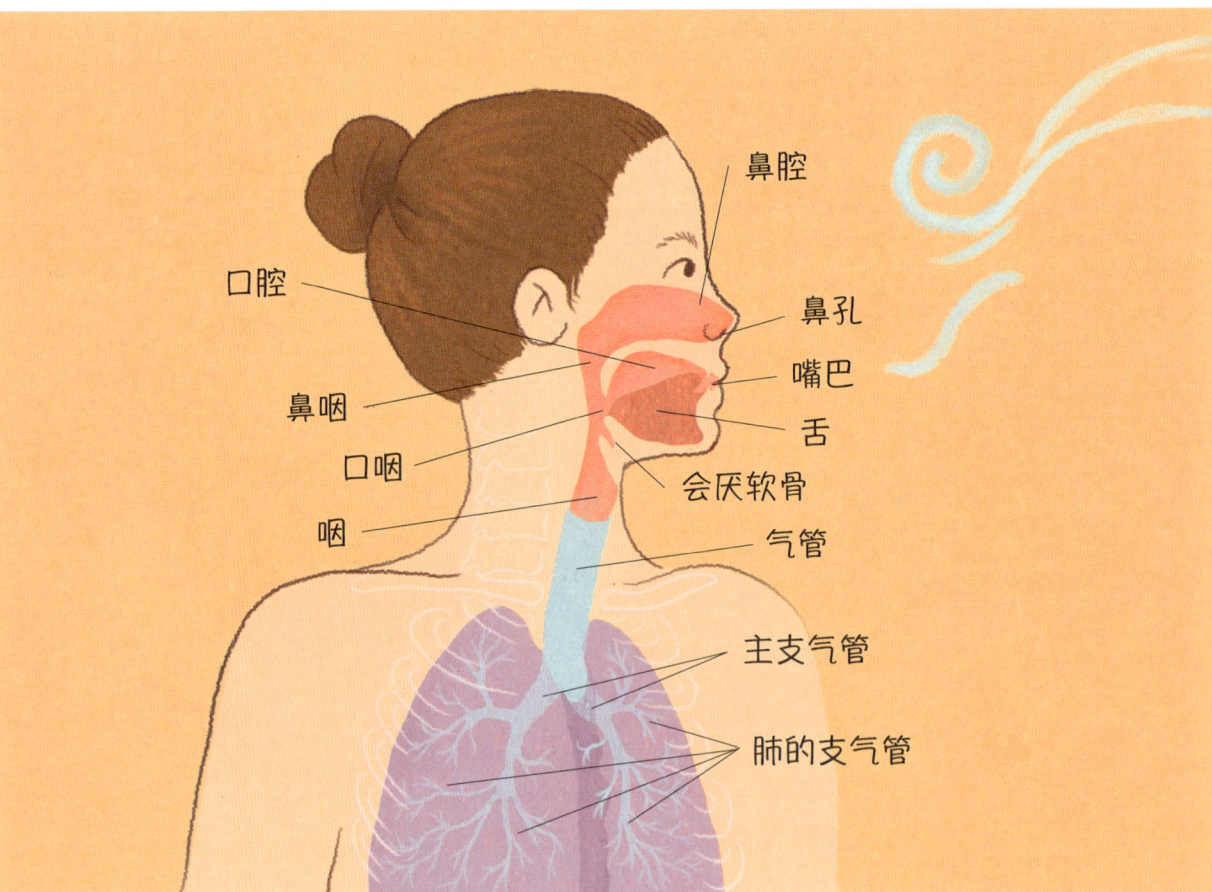

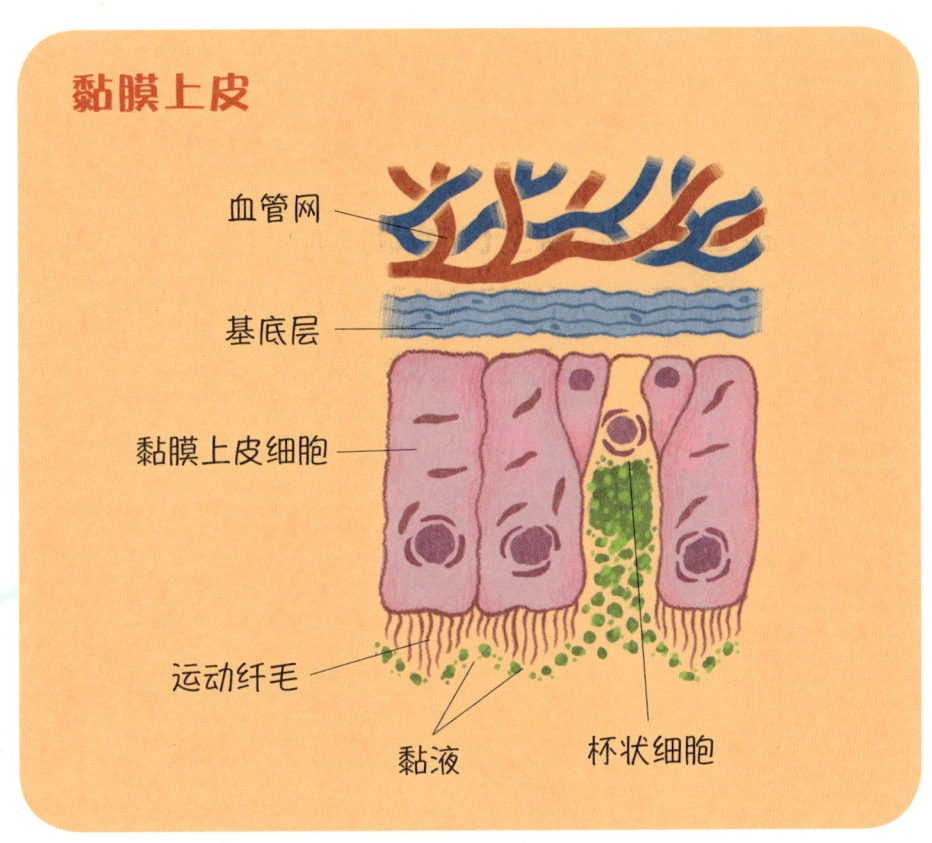

鼻腔的入口是鼻孔，里面长着鼻毛，作为过滤器，它们可以捕捉空气中的大颗粒污物。鼻腔被鼻中隔分为两半。

鼻腔壁上有被称为"鼻甲"的褶皱。

一方面，褶皱增加了鼻腔内表面的面积，另一方面，褶皱使进入的空气形成旋涡，并得到充分混合。

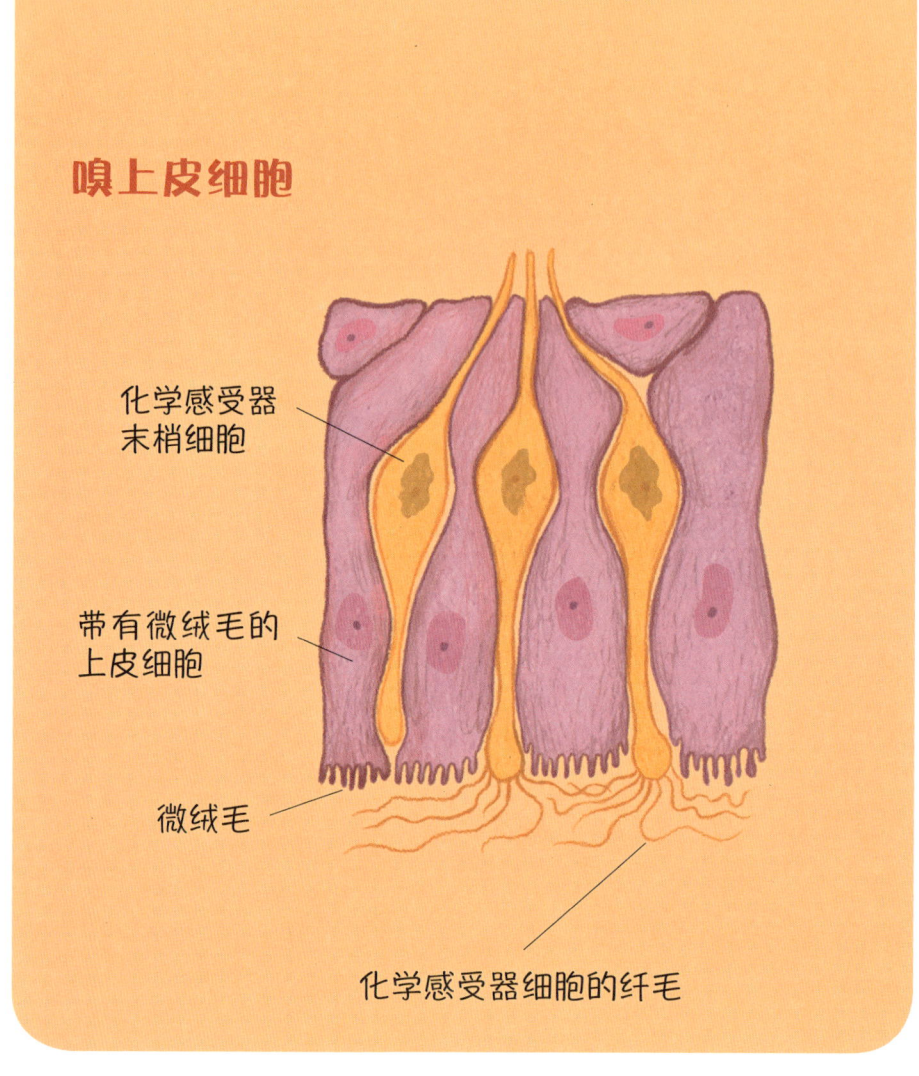

嗅上皮细胞

- 化学感受器末梢细胞
- 带有微绒毛的上皮细胞
- 微绒毛
- 化学感受器细胞的纤毛

鼻腔内表面有一种特殊的组织，叫作纤毛上皮。

它包含产生黏液的单细胞和搅拌黏液的运动纤毛细胞。

但鼻腔上部的一小块区域除外，那里有对化学物质敏感的细胞——嗅觉感受器。

在它们的帮助下，我们的身体会检查吸入空气的质量，并接收大量其他信息。

黏膜上皮有密集的血管网。在血管网的帮助下，吸入的空气能够得到温暖和滋润。黏液则可以吸附小的灰尘颗粒，并将它们从鼻腔中清除出去。

黏膜上皮细胞中有一部分能够捕捉空气中的微生物，这些细胞被称为组织巨噬细胞。

随着气流的方向，从鼻腔进入咽部。咽分为两部分：鼻咽和口咽。它们之间由软腭隔开，保护鼻腔不受口咽中食物颗粒的影响。而口咽则与口腔相连，从口腔进入咽部的是另一股气流。这些空气也经过预处理，但不如从鼻腔进入的空气处理得仔细。因此，用鼻子呼吸更健康。

空气从咽部进入喉部，喉部由五个形状复杂的软骨组成。软骨之间由肌肉和韧带连接。会厌软骨保护着喉咙的入口，吞咽食物时，它会下降。因此，食物最终会进入食道，而不会进入喉部。

喉部的解剖结构

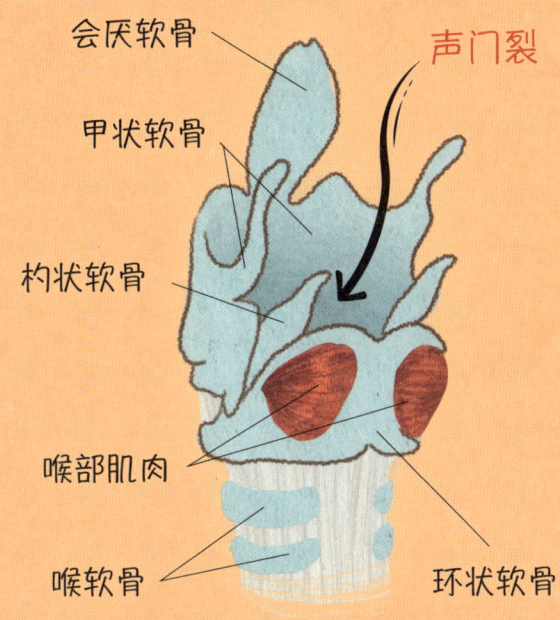

发声器官的工作

A. 自由呼吸（吸气）

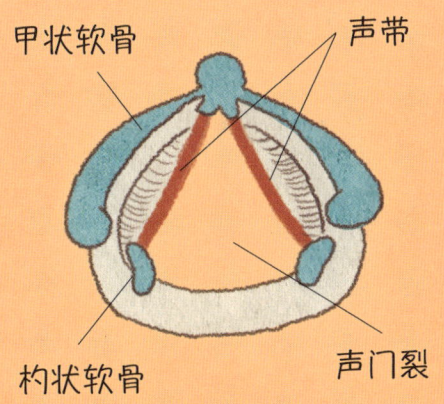

B. 发声

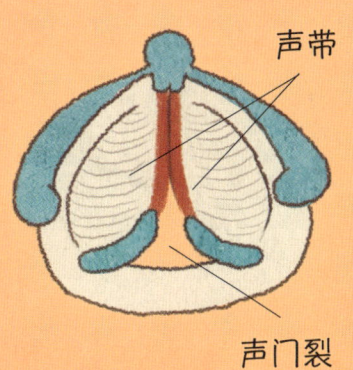

声带与声门裂

两条叫作声带的弹性韧带横跨喉腔,阻挡气流。韧带之间有一个声门裂。喉部肌肉的收缩会导致韧带张力的变化,声门裂变宽。吸气时声门裂打开,呼气时声门裂闭合。

桑博纳-班特瓦纳①！

人和猫

呼出的空气会使声带振动并产生声音。声音的特征取决于声带的弹性、拉紧程度和声门裂的大小。因此，所有的声音都是在呼气时发出的，而吸气时则不会发出声音。

非洲土著人的语言是个例外，他们的一些声音是在吸气时发出的。有趣的是，猫完全靠吸气发声，呼气时则不会发出任何声音。

---

① 祖鲁语中"你好"的意思。——译者注

乐音和噪声对说出不同字母的贡献

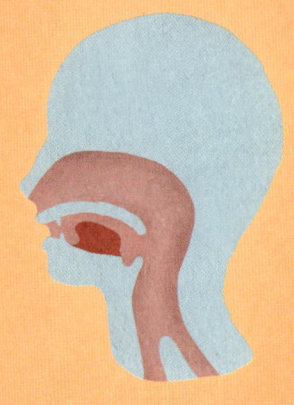

"a"
元音由乐音产生

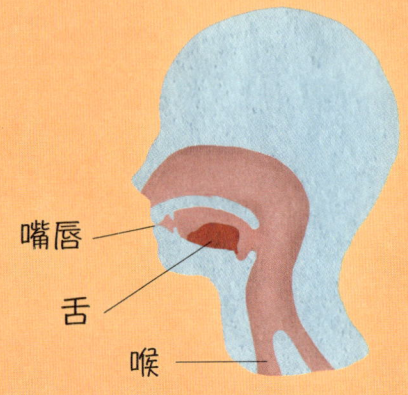

"M"
浊辅音由乐音和噪声产生

元音和辅音

人类说话的声音包括声带发出的乐音，以及空气通过口腔和鼻腔时，它们收缩产生的噪声。这些收缩主要由嘴唇和舌头造成。例如，元音是由声带发出的乐音产生的，清辅音是由噪声产生的，而浊辅音则是由乐音和噪声产生的。

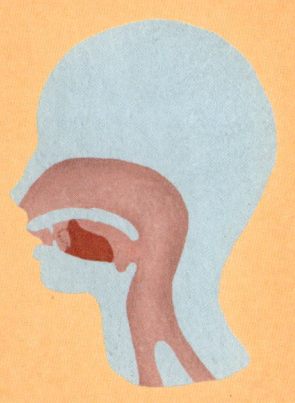

"T"
清辅音由噪声产生

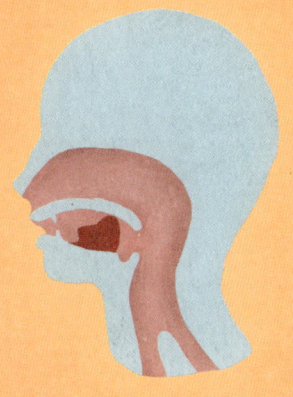

"X"
清辅音由噪声产生

进入气管

气流通过喉部及声门裂后，就进入了气管。气管起始于颈部下方，向下延伸入胸腔，在胸腔内分为两条主要的支气管。气管的"骨架"由喉软骨构成，开口部分与后面的食道相接。软骨通过肌肉和韧带相互连接。从内部看，气管铺着纤毛上皮，形成一层黏膜。气管的这种结构可以在颈部转动时保护气管不被挤压和夹伤。

我们身体里的"树"

主支气管将气流导入肺部,在那里多次分支形成支气管"树枝"。支气管共同构成肺的气流运输链。从支气管壁上的第17级分支开始,会出现一个一个的薄壁鼓泡——肺泡。从第20级分支开始,肺泡占据了整个支气管壁。这些结构被称为肺泡管。

肺泡的工作原理

肺泡孔的末端是圆形的封闭肺泡囊。支气管、肺泡管、肺泡囊和肺泡共同构成了肺的呼吸部。

肺泡上覆盖着人体中最密集的毛细血管网。毛细血管和肺泡的薄壁形成了一个适合气体交换的屏障。氧气从肺泡进入血液，二氧化碳从血液进入肺泡。气体从浓度较高的区域转移到浓度较低的区域。

高效的气体交换需要不断地向肺泡供应新鲜空气，并保证不断地有血液流经毛细血管。

肺的结构

A. 肺呼吸部的结构

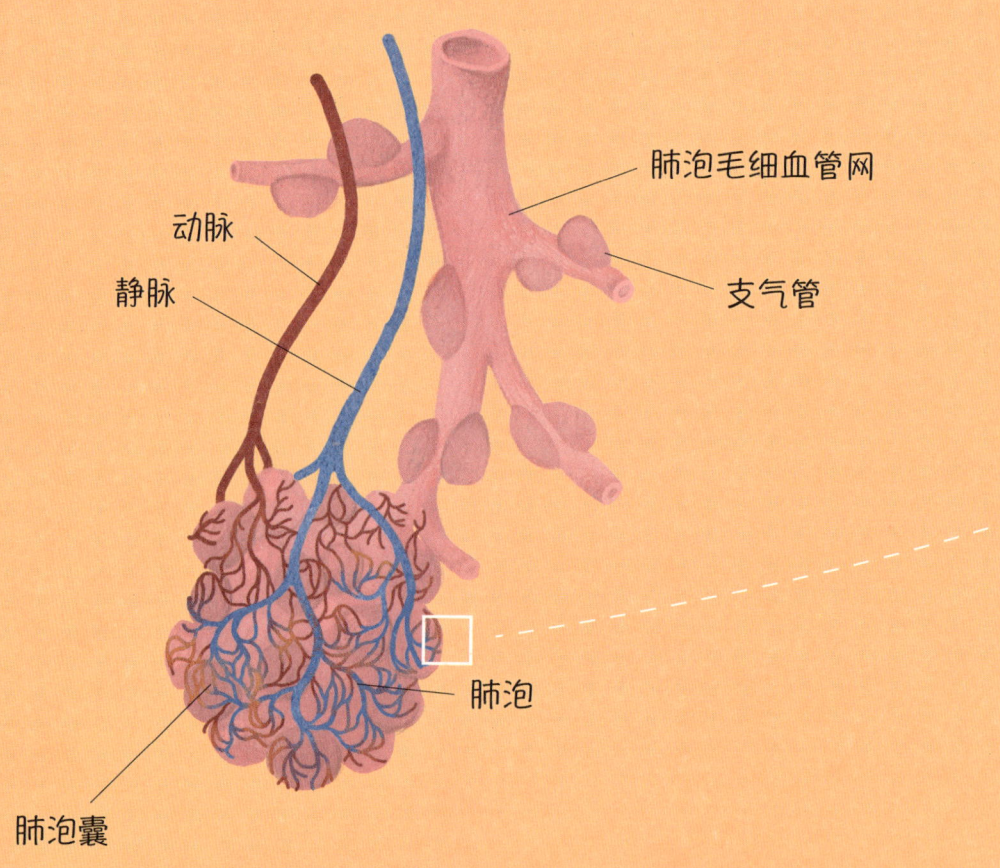

B. 肺泡横切面

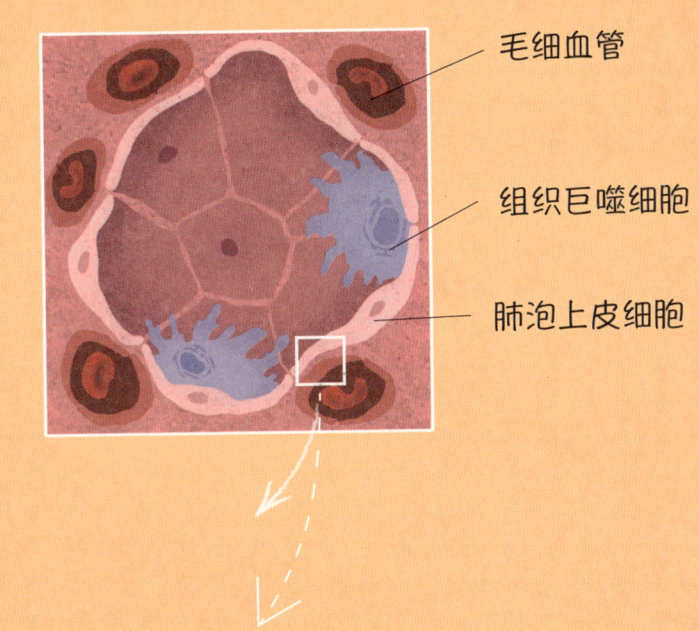

毛细血管

组织巨噬细胞

肺泡上皮细胞

C. 肺泡—毛细血管屏障

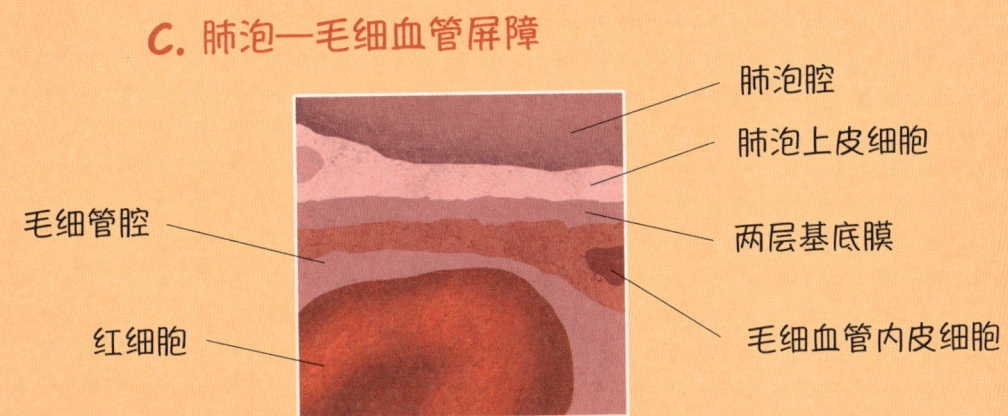

肺泡腔
肺泡上皮细胞
两层基底膜
毛细血管内皮细胞

毛细管腔

红细胞

肺通气

肺部的空气供应由肺通气机制保证。肺的外部由两层膜覆盖。其中一层附着在肺部上，另一层附着在胸腔内部。在这两层膜之间有一个充满液体的微小缝隙。液体通过水的表面张力将两层膜粘在一起。我们可以通过一个简单的实验来说明这一过程。

我们用水将两块玻璃浸湿，然后把它们贴在一起。玻璃板看起来就像被水粘住了一样。虽然我们掰不开它们，但可以通过平行移动把它们分开。

吸气时，胸腔膨胀，肋骨和胸骨隆起，横贯身体的横膈膜变得更加平坦。收缩时，胸腔被肋间外肌抬起。呼气时，肋骨和胸骨放松，胸部就会在重力的作用下回落。如果需要快速呼吸，肋间内肌会帮助肋骨快速下降。

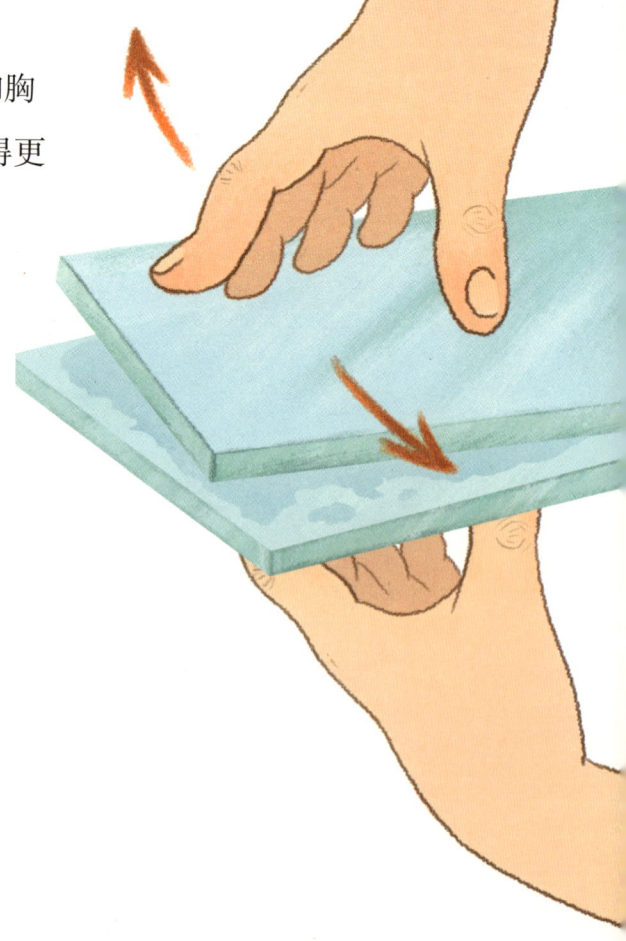

呼吸过程中的肋间肌

A. 吸气

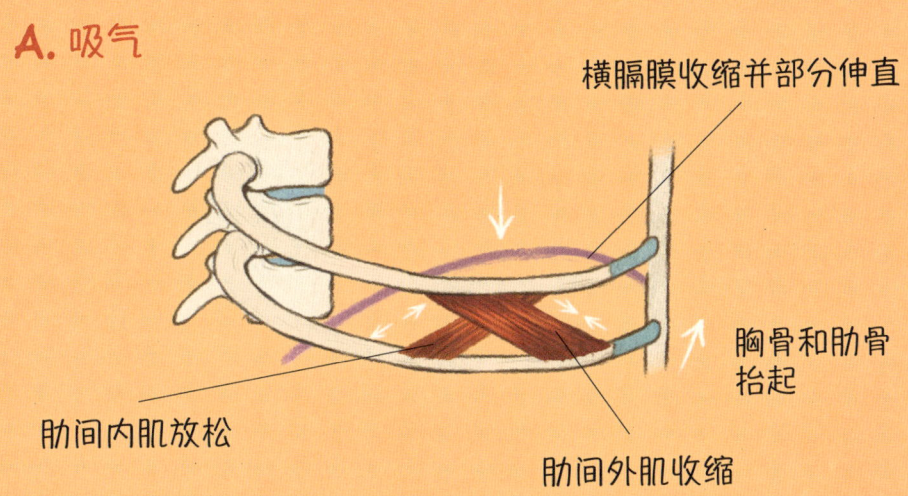

横膈膜收缩并部分伸直

胸骨和肋骨抬起

肋间内肌放松

肋间外肌收缩

B. 呼气

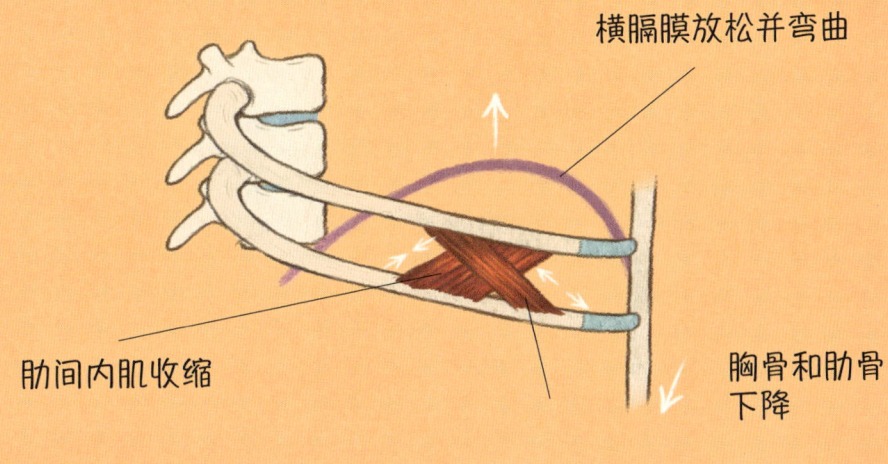

横膈膜放松并弯曲

胸骨和肋骨下降

肋间内肌收缩

肋间外肌放松

肋间内肌明显不如肋间外肌发达。找一块猪胸脯肉，就能清楚地观察到这一点。在切面上可以清楚地分辨出两层肌肉，这就是肋间肌。厚的一层是肋间外肌，薄的一层是肋间内肌。

横膈膜把胸腔和腹腔分隔开来，静止时在胃的压力下向胸腔凹陷。吸气时，横膈膜收缩并部分伸直，将胃推开。扩张时，胸腔壁拉伸肺内膜的外层，然后拉伸内层。因此，肺的容积增大，肺内压力下降，气体进入。

呼气时，一切以相反的顺序重复：胸骨和肋骨下降，横膈膜弯曲，肺内压力升高，空气从肺部排出。

骨骼肌以这种方式为肺部提供空气：胸骨和肋骨由肋间外肌抬起，由内肌放下。横膈膜也属于骨骼肌。

骨骼肌由中枢神经系统控制，因此呼吸也由中枢神经系统控制。

呼吸中枢位于延髓和脑桥中。脑桥的神经元设定呼吸的节奏，延髓的神经元控制吸气和呼气的变化。呼吸中枢受到包括大脑皮层在内的其他大脑结构的影响。它们根据人体不断变化的需求调整基本的呼吸参数。

横膈膜在呼吸过程中的作用

A. 呼气

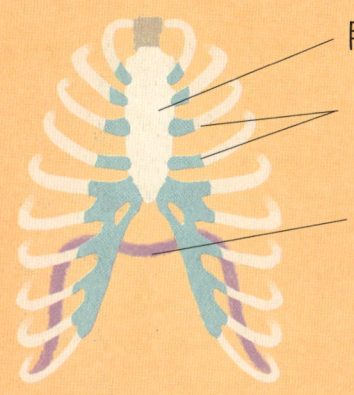

胸骨
肋骨
横膈膜在胃的压力下弯曲

B. 吸气

胸骨因肋间外肌收缩而抬起

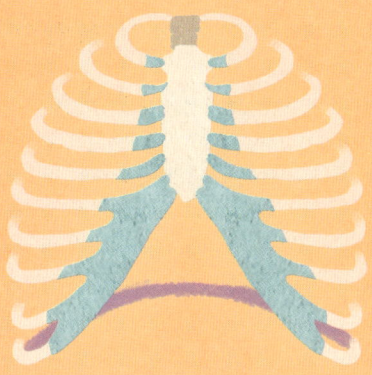

横膈膜通过收缩部分伸直

事实真是不可思议——我们居然用大脑呼吸。

呼吸训练

在呼吸系统之旅的最后,我们带大家做一个实验。首先,让我们尽量屏住呼吸,请注意呼吸恢复的那一刻,恢复后的第一次呼吸会比平时更深,吸入的气体更多。如果我们有一个可以记录呼吸量的设备,就会发现,呼吸恢复后,"过度呼吸"时的空气吸入量与屏住呼吸时"呼吸不足"时的空气吸入量完全相同。现在,让我们试着快速深呼吸几次,紧接着停一小会儿,然后呼吸会变得少而浅。我们"呼吸不足"时的空气吸入量与之前"呼吸过度"时的空气吸入量完全相同。

> 一想到这儿,我就兴奋得无法呼吸。

呼吸反射

A. 憋气时胸部的波形图

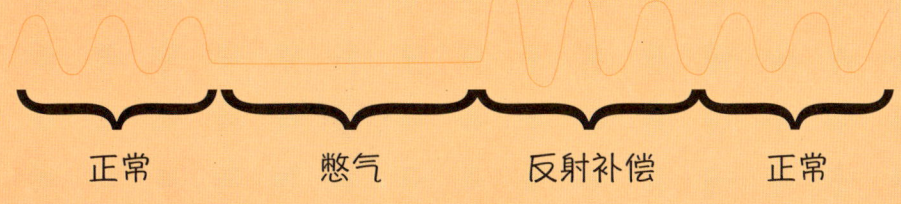

正常　　　憋气　　　反射补偿　　　正常

B. 过度换气时胸部的波形图

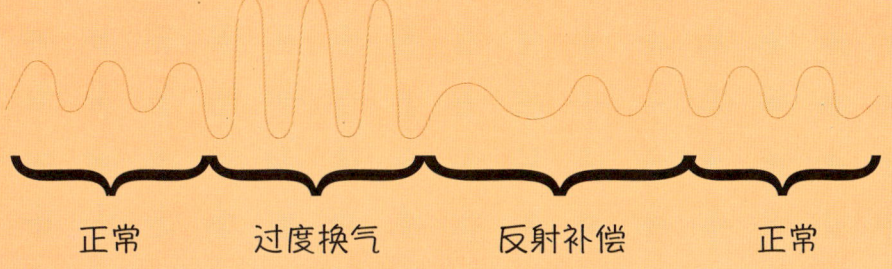

正常　　　过度换气　　　反射补偿　　　正常

根据经验，我们知道呼吸频率会随着运动、缺氧或兴奋而增加。

A. 颈动脉窦中的化学感受器

B. 主动脉弓上的受体

C. 延髓的受体

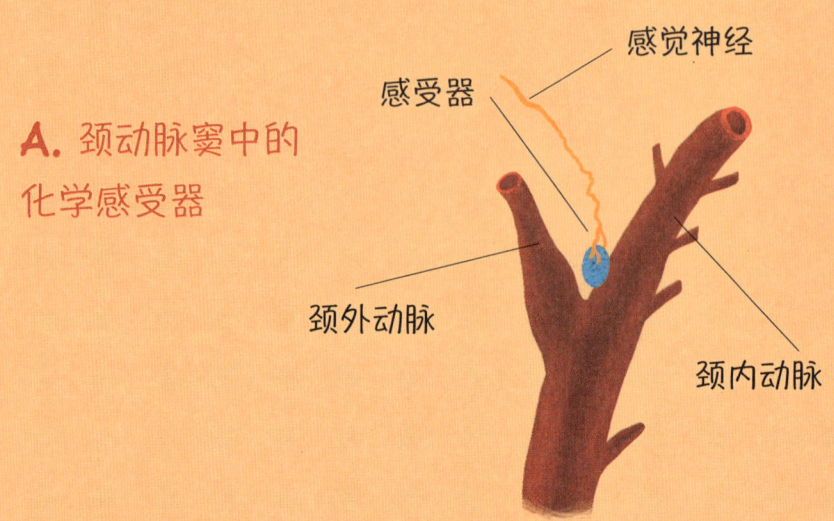

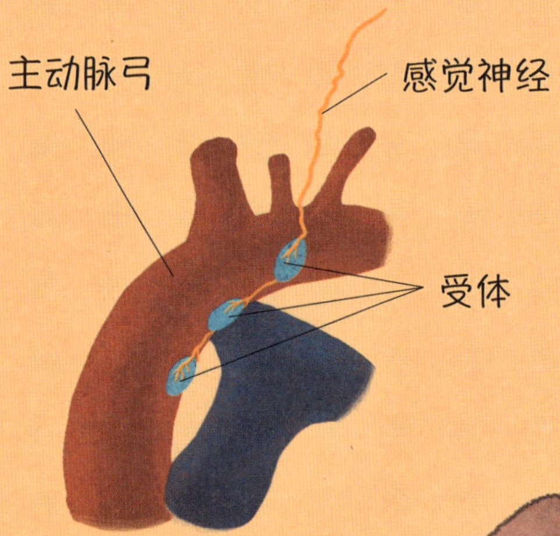

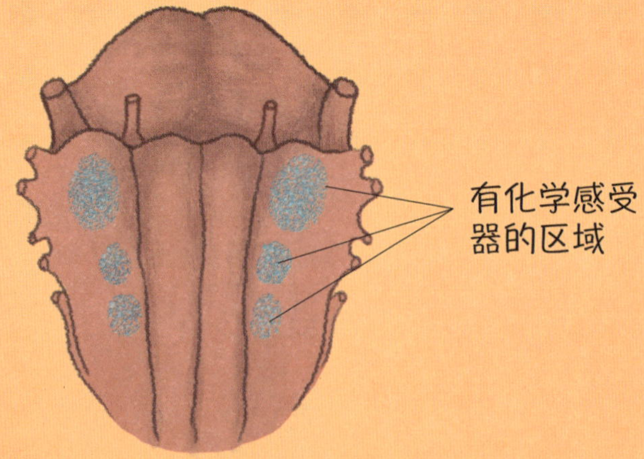

由此可见，人体内有感受器监测血液中的气体含量，并将信号传递给呼吸中枢。

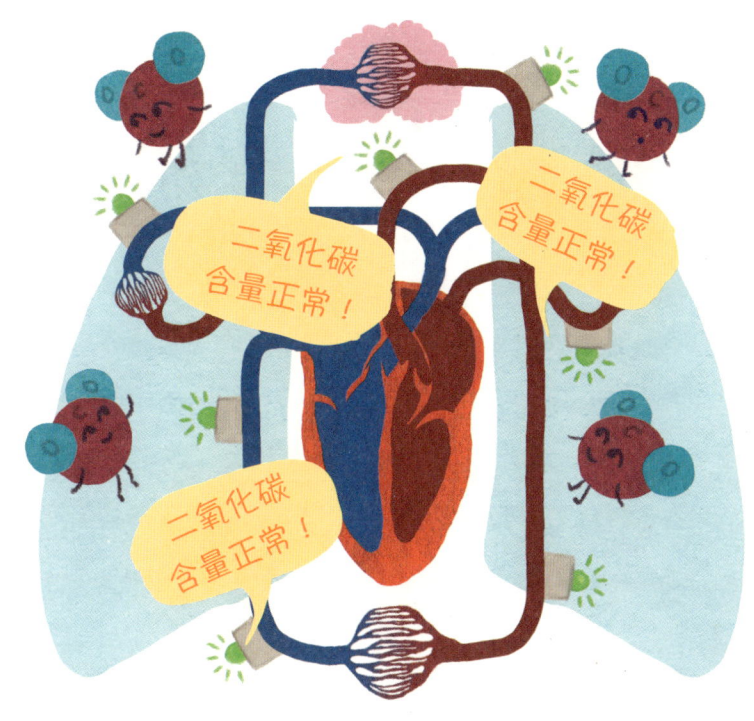

有趣的是，被记录的是二氧化碳的浓度，而不是氧气的浓度。

被称为感受器的感觉结构位于心脏、大血管和大脑中。它们的工作效率非常高，能够完成将呼吸和说话过程结合起来等复杂任务。

皮肤皮层

在我们的人体之旅中,会遇到皮肤这一神奇的构造。

我还以为我们的皮肤面积相同呢……

在皮肤的帮助下，我们的身体一方面能与外界环境互动，另一方面能保护身体免受外界环境的影响。一个成年人的皮肤的平均面积为1.8~2平方米。人的皮肤有三层：外层叫作表皮层，中层叫作真皮层，最深层叫作皮下脂肪层。

皮肤的结构

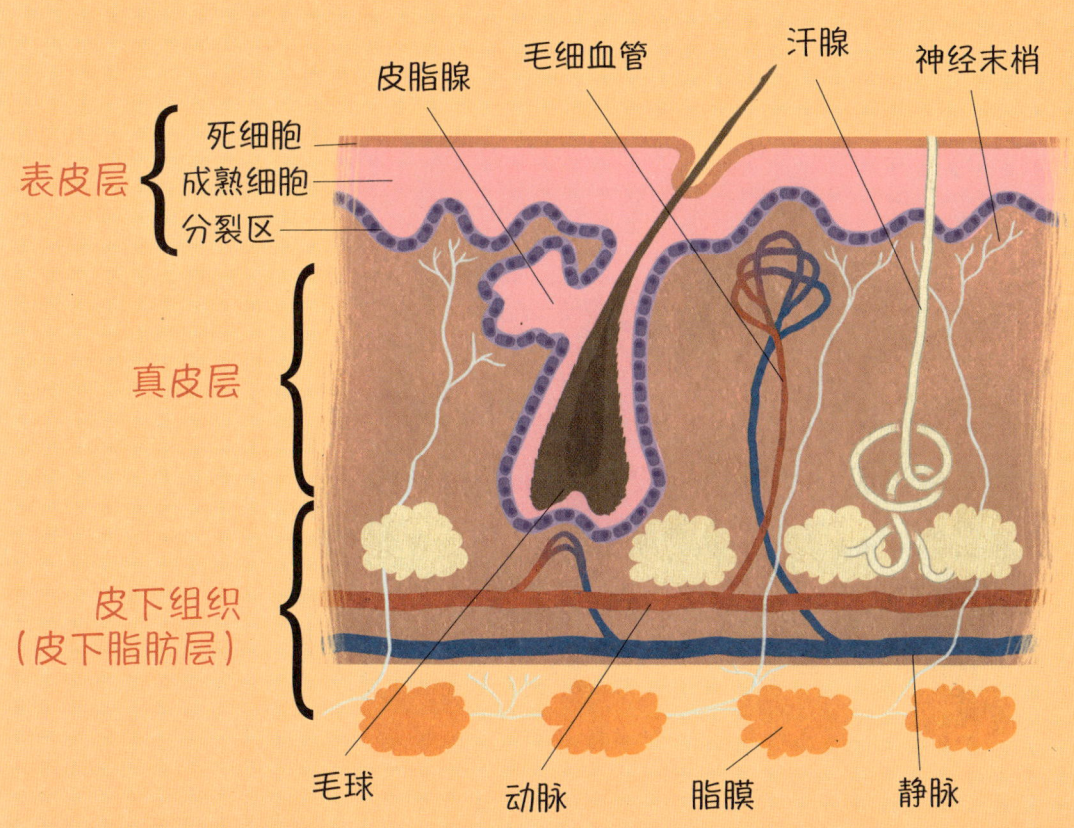

表皮层的结构

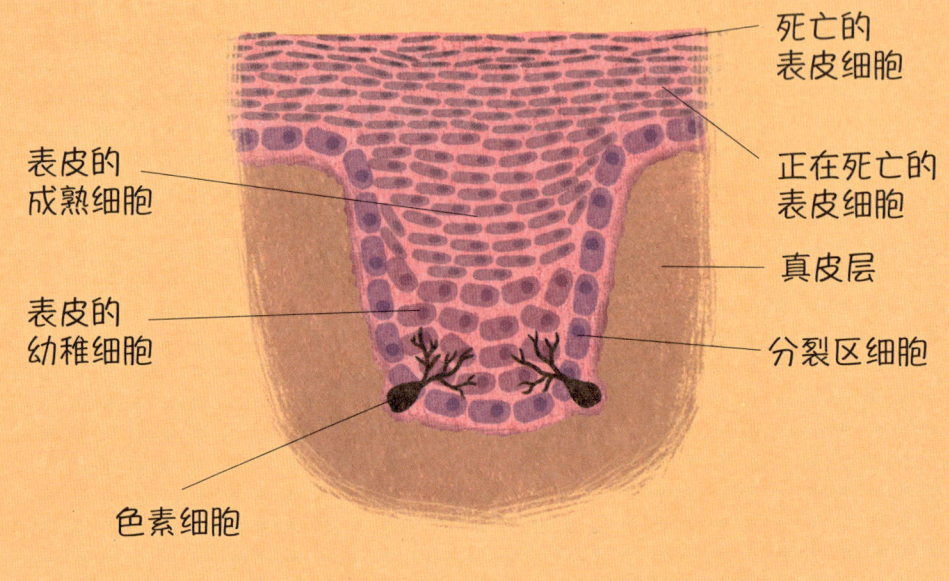

皮肤外层

　　表皮层由几层成熟度不同的上皮细胞组成。最深层的细胞不断分裂。然后，新形成的细胞向皮肤外层移动，取代较成熟的细胞。最成熟的细胞靠近表层，含有大量角蛋白。这些细胞不断死亡，变成角质表皮，先是相互贴紧，然后从皮肤表面脱落。表皮层完全更新需要2~4周时间。身体不同部位的表皮层厚度不同：眼睑的表皮层最薄，手掌和脚底的表皮层最厚。

独一无二,华生[①]!

独一无二的指纹

表皮层下的真皮向表皮方向生长,形成许多乳头状突起。这使皮肤表面出现特殊的纹路,在手掌和手指上尤为明显,我们称之为"指纹",每个人的指纹都是独一无二的。

① 华生:《福尔摩斯探案全集》中的虚构人物,是福尔摩斯的搭档。——编者注

什么是头皮屑?

寄生真菌会在表皮层死亡的细胞中定居,它们会加剧、加速细胞的死亡和剥落。这就是头皮屑出现的原因。

为什么会晒黑？

在表皮层和真皮层的交界处有一种特殊的细胞——色素细胞（黑色素细胞）。黑色素细胞能够通过分支穿透表皮细胞。黑色素细胞的细胞质能够形成并积聚黑色素颗粒，这些黑色素颗粒可以进入表皮细胞，使表皮细胞的颜色变深。

阳光会使黑色素细胞增加黑色素含量。因此，皮肤会变成棕褐色。

黑色素能保护皮肤免受紫外线的伤害。

如果你是吸血鬼，就很难晒黑。

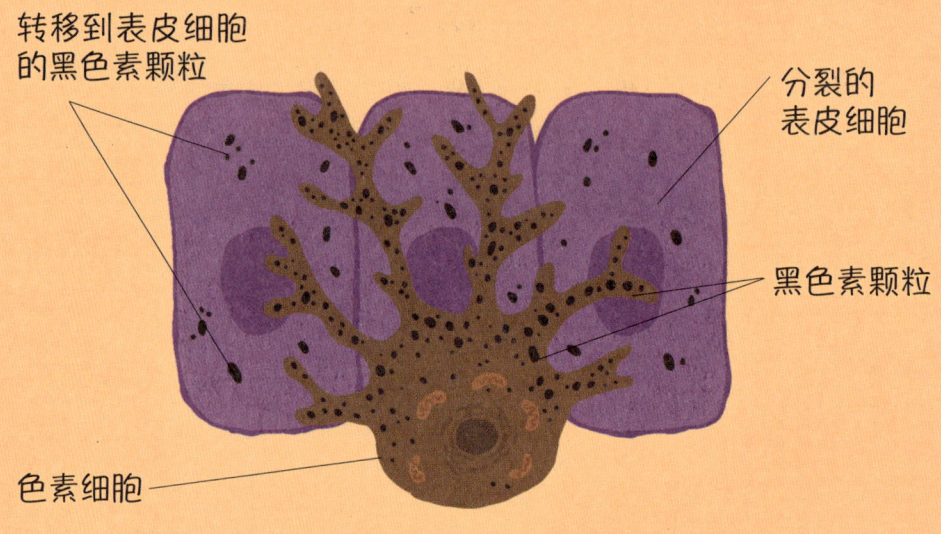

色素细胞

转移到表皮细胞的黑色素颗粒

分裂的表皮细胞

黑色素颗粒

色素细胞

真皮层

真皮层是一种相当致密的结缔组织，由胶原蛋白和弹性蛋白形成的大量纤维赋予了真皮层强度和弹性。牛的真皮层经过加工后可用于制作各种皮革制品。真皮层包含毛囊、皮脂腺和汗腺，以及各种皮肤感受器和大量血管。

热和忧虑

皮脂腺由分泌部分和排泄导管组成。分泌部分位于真皮的深层,排泄导管穿过表皮层,在皮肤表面开口。汗腺分泌的汗液含有水分、盐分和尿素。水分蒸发可以给身体降温,盐分和尿素则被排出体外。人体皮肤上有200万到250万个汗腺,其中大部分位于手掌和脚底。汗腺不仅在发热时分泌液体,在发愁时也会分泌液体。因此,我们有时可以通过出汗的多少来判断一个人的情绪。

我的一生都是又热又怕——为什么我出生在西班牙?

你的皮肤下面藏着什么？

皮下脂肪组织由纤维细胞和脂肪细胞组成，它能缓冲皮肤所承受的机械压力。眼睑和鼻尖没有皮下脂肪组织，而脚和臀部的皮下脂肪组织最为发达。脂肪纤维还是一种储存组织，可保护下层器官免受低温伤害。

皮脂腺

与汗腺相比，皮脂腺位于真皮的更浅层。皮脂腺的分泌部分在毛囊壁上隆起，并有短导管通向毛囊。皮脂腺的分泌物三分之二是水，三分之一是脂肪。脂肪可以润滑头发和皮肤，防止微生物滋生。皮脂腺的工作受性激素和肾上腺激素的控制。我们在青春期，皮脂腺的活动特别旺盛，因此会长青春痘和黑头粉刺。

皮肤腺体的结构

A. 汗腺

- 汗孔
- 汗腺导管

B. 皮脂腺

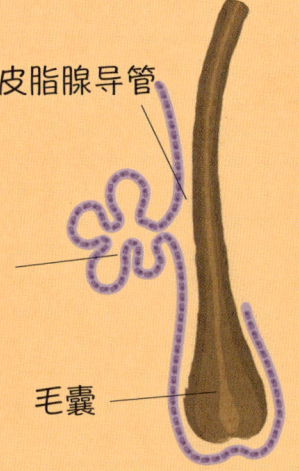

- 皮脂腺导管
- 皮脂腺的分泌部分
- 毛囊

毛发和指甲是皮肤的衍生物，人体有 20 万至 100 万根毛发，几乎覆盖了整个皮肤，除了手掌、脚底、嘴唇部分和生殖器之外。

黑色素颗粒被气泡取代了……

头发的结构是怎样的，爷爷的须发为什么会变白？

　　毛发包括皮肤表面的毛干和皮肤内部的毛根。毛根位于毛囊中。毛囊从表皮层向第二层皮肤（真皮层）的凹陷处长出来。在毛囊的底部有一个带有毛细血管的毛乳头。在毛乳头附近，表皮细胞分裂活跃，形成一个向上生长的圆柱体，这就是未来的毛干。毛干细胞远离毛乳头时，充满了角蛋白和黑色素。黑色素有两种类型的颗粒：细长型和圆形。前者呈黑褐色，后者呈黄色。根据黑色素颗粒的数量和比例，头发会呈现出不同的颜色。老年人的黑色素颗粒通常被气泡取代，因此他们的头发看起来是灰白色的。

有色素沉着的毛发 — 黑色素

灰色头发 — 气泡

头发的生长周期有多长？

头发的生长受内分泌系统调节，在青春期生长速度最快，约为3天3毫米。男性头发的寿命约为2年，女性约为4~5年。

谁有指甲？

指甲只有猴子和人类才有。指甲保护着手指敏感的末端，是表皮层的表层。指甲位于以甲廓为边界的甲床上。

甲母质是一个生长区，内有不断分裂的细胞。生长速度约为每天 0.15 毫米。手指甲每 3 个月更新一次，而脚指甲则是 4～5 个月。

皮肤神经

皮肤有丰富的神经末梢。平均每1平方毫米的皮肤上约有170个感觉神经末梢。这些末梢构成了一个皮肤感受器系统。

多种多样的皮肤感受器

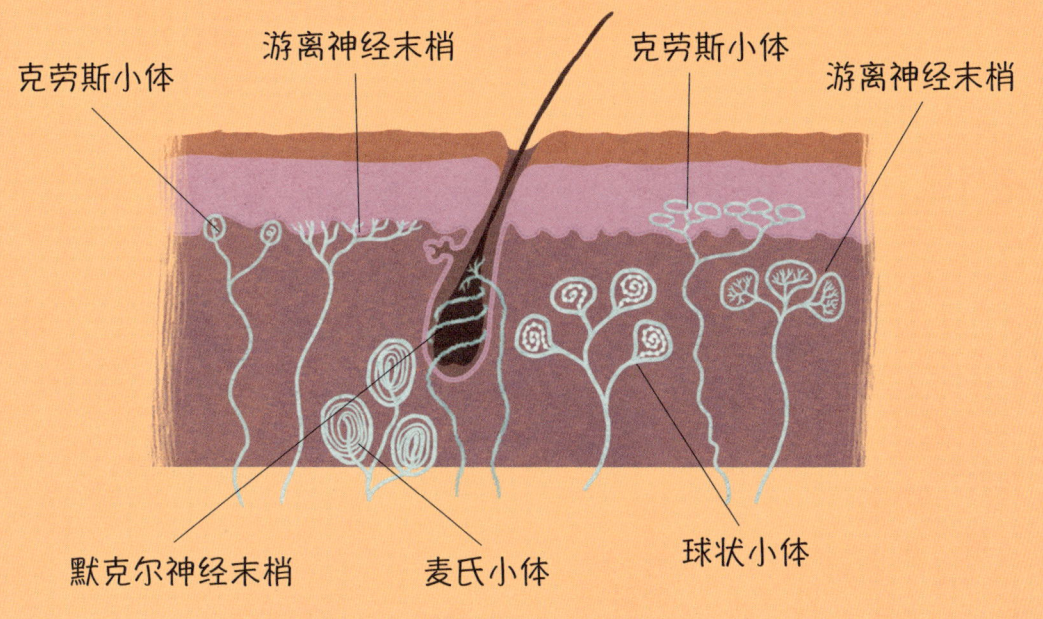

皮肤感受器分为机械感受器、温度感受器和痛觉感受器。

温度感受器和痛觉感受器是裸露的神经末梢,自由地分布在距离皮肤表面不同的位置。机械感受器的组织结构更为复杂。这些感受器的神经末梢被结缔组织的被囊包围,可以感知某些类型的机械效应——轻触、高压、拉伸、振动。

内分泌系统

在俄语中,"体液"一词源于"rymop",意为"汁液""液体"。

在人体各部分的游历让我们了解到人体的复杂性。相信大家一定想问:"人体是如何调节如此复杂的系统的?"

调节信号通过血液、淋巴液和组织液等体液在人体传播。内分泌系统和免疫系统能够进行体液调节，而神经调节只用于神经系统。信号传导由专门的神经元细胞负责，信号在神经元上以电信号的形式传导，而在传递给下一个细胞时则是以化学介质的形式传导的。

内分泌系统

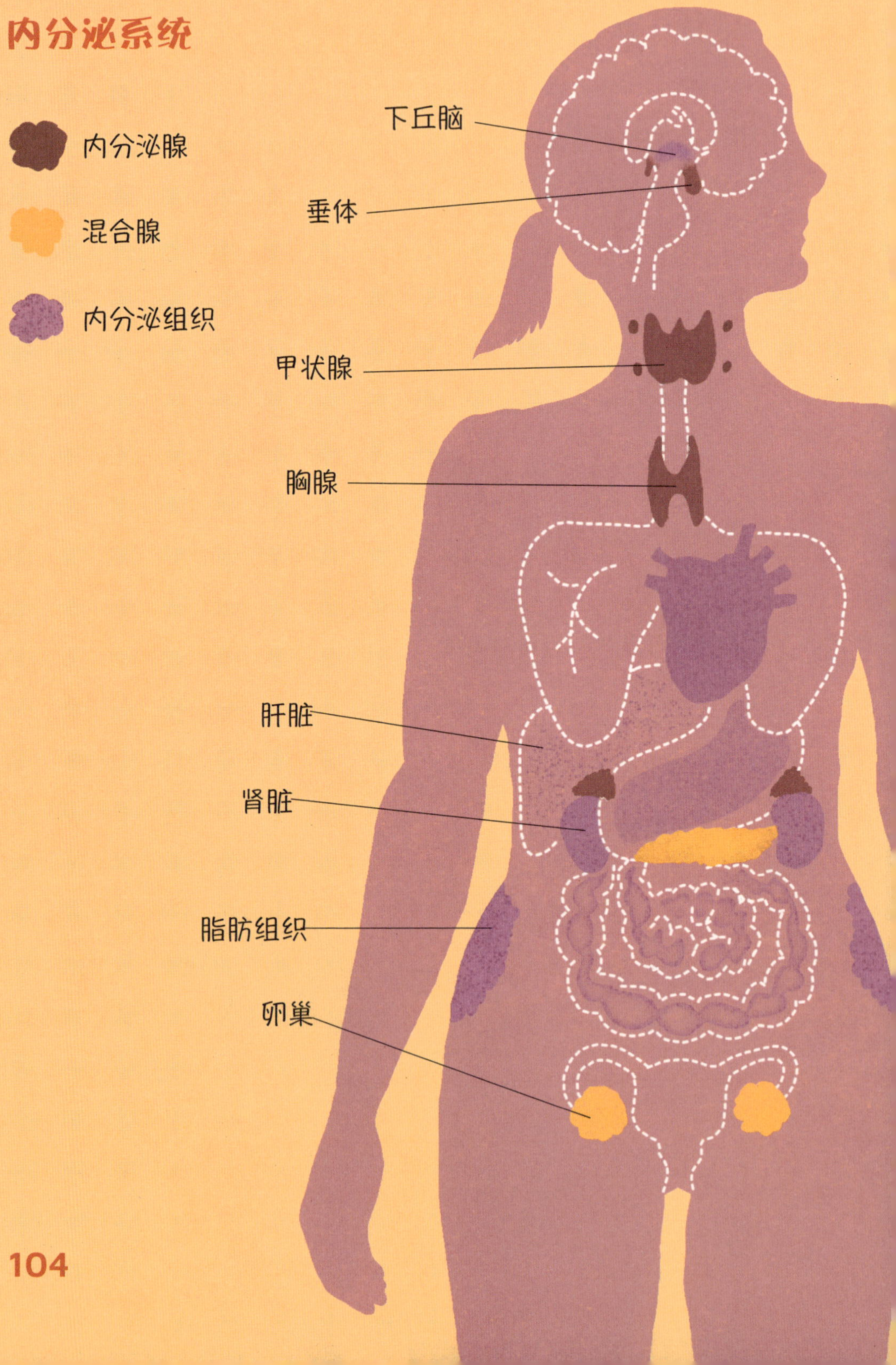

 内分泌腺

 混合腺

 内分泌组织

- 下丘脑
- 垂体
- 甲状腺
- 胸腺
- 肝脏
- 肾脏
- 脂肪组织
- 卵巢

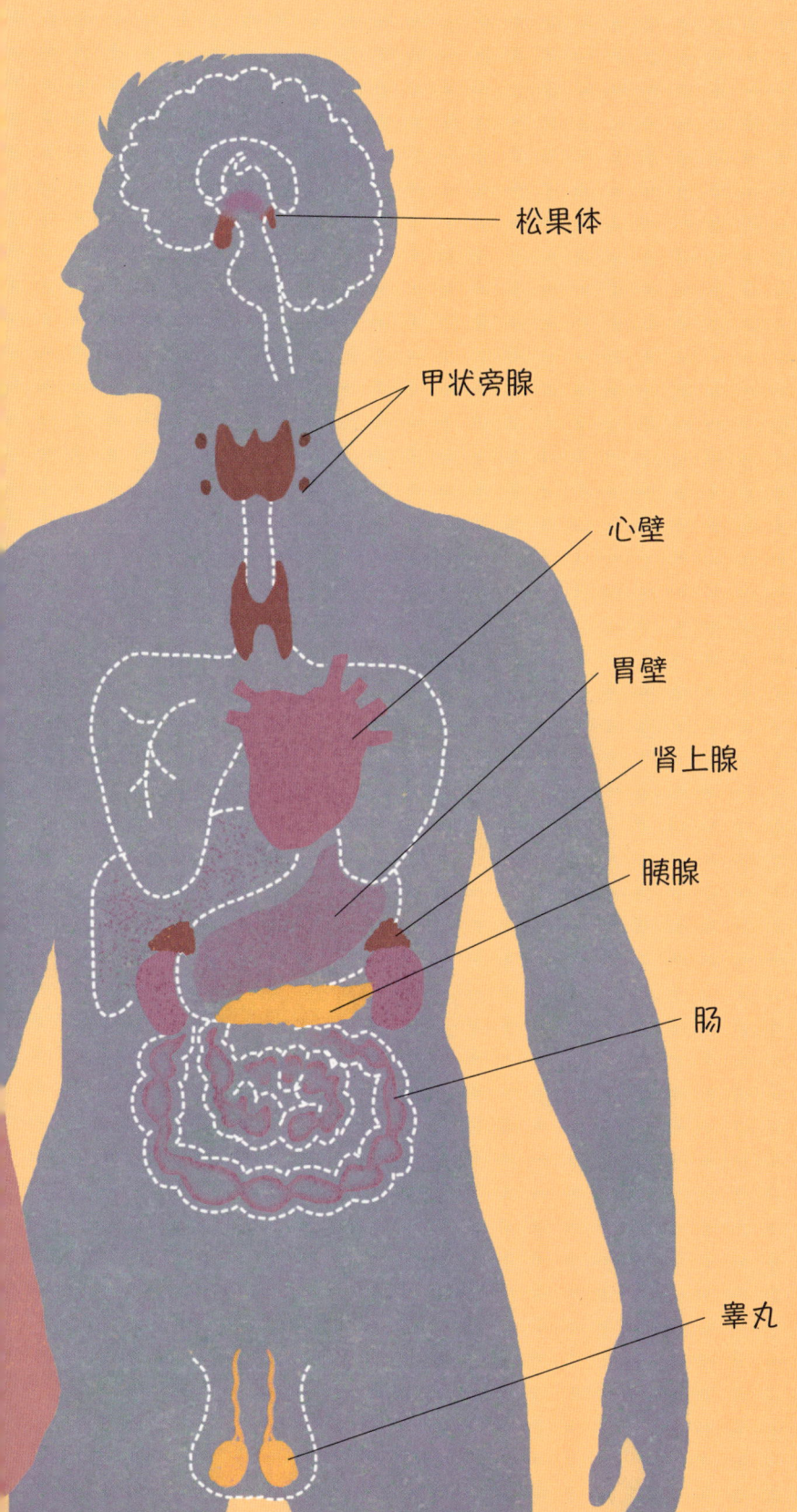

体液调节机制

体液调节机制比神经调节机制更古老,普通细胞甚至单细胞生物有时也会使用体液调节机制。

此外,还有一种负责体液调节的"专业"系统——内分泌系统。它由两部分构成:专门分泌激素这种调节物质的腺体,以及由内分泌细胞构成的组织。

激素有什么用？

激素的化学性质多种多样。它们大多是蛋白质或其片段，这些片段被称为"肽"。有些激素是经过修饰的氨基酸，氨基酸是蛋白质的组成部分。有些激素则是由脂肪合成的。

所有激素都有一个共同点：信号传导是它们的唯一功能。它们不能充当酶、能量来源或身体的建筑材料，也不是细胞活动所产生的废物。所有激素在其靶细胞上都有特定的受体。

激素受体是位于细胞外膜或细胞内的蛋白质分子。激素能准确识别受体，与之结合并引发一系列化学反应，从而改变细胞的工作。激素还能影响基因的工作，促进或抑制某些负责基因编码的蛋白质的合成。

谁在控制一切？

下丘脑是中脑的一部分，负责维持人体内环境的稳定。在下丘脑中，神经元能够合成肽类激素，然后将其从神经元末端释放到血液中。其中一些激素通过特殊的毛细血管网被输送到与下丘脑相关的内分泌腺——垂体。在激素的影响下，垂体前叶向血液释放激素，这些激素被称为促激素。

在"接力"的下一阶段，促激素与外周内分泌腺相互作用，刺激它们工作。最后，外周内分泌腺体产生直接影响我们身体的器官和组织的激素。这一系统叫作下丘脑—垂体系统。

下丘脑—垂体系统

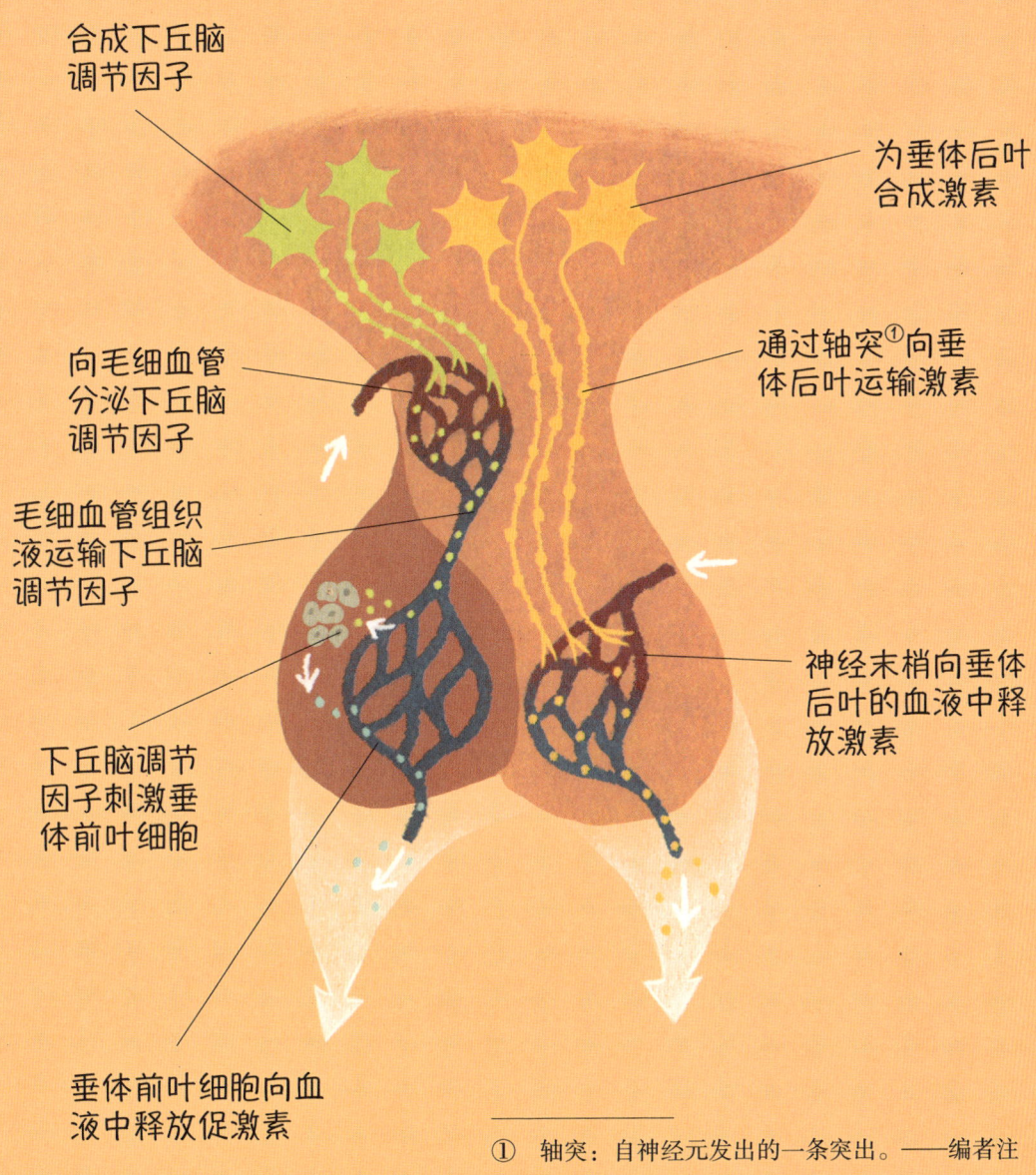

① 轴突：自神经元发出的一条突出。——编者注

在下丘脑→垂体前叶→外周内分泌腺这一过程中，释放的激素量不断增加，受到影响的细胞也越来越多，在特定器官和组织激素影响达到最大效果。这一系统就像军事等级制度一样：师长-团长-排长-普通士兵。

促激素

下丘脑的另一组神经元将它们的轴突发送到脑垂体后叶。这些神经元会向垂体后叶的毛细血管释放两种直接发挥作用的激素：抗利尿激素和催产素。抗利尿激素会影响肾脏，减少尿量并增加尿液浓度。大量产生这种激素会使血管收缩。催产素会使泌尿生殖器官的平滑肌收缩。

睡眠激素

除了垂体，头颅中还有另一个内分泌腺：脑上腺，也叫松果体。该腺体可以分泌褪黑素，降低许多组织和器官的活动水平。这种激素的释放有昼夜规律：夜间多，白天少。褪黑素的释放信号是光照的减少，褪黑素可以当作促进睡眠的药物。

甲状腺

甲状腺位于颈部甲状软骨区域。它由滤泡组成，有左、右两个叶，由峡部连接。滤泡壁由内分泌细胞组成，滤泡是泡状结构，内含胶状液体。这种结构中含有激素的前体（"半成品"），其中包括碘。腺体的工作由垂体的促激素控制。

甲状腺的主要激素——甲状腺素能刺激身体所有细胞的能量代谢。儿童缺甲状腺素会患呆小症，患者的神经系统会因缺乏能量而受到影响，造成发育不良。成人缺甲状腺素会导致黏液水肿，这是一种能使大多数器官和系统（心脏、大脑、肌肉、肾脏等）活力降低的疾病。过量的甲状腺素会引起甲亢，引发血压升高、心率加快、神经系统活性增强、肌肉张力增强、组织代谢过程加快等症状。除甲状腺素外，甲状腺还分泌降钙素，从而调节钙和磷的新陈代谢。

在两栖动物中，甲状腺素不仅参与能量代谢，还参与幼体（蝌蚪）向成体（青蛙）的转化。

甲状腺的位置和结构

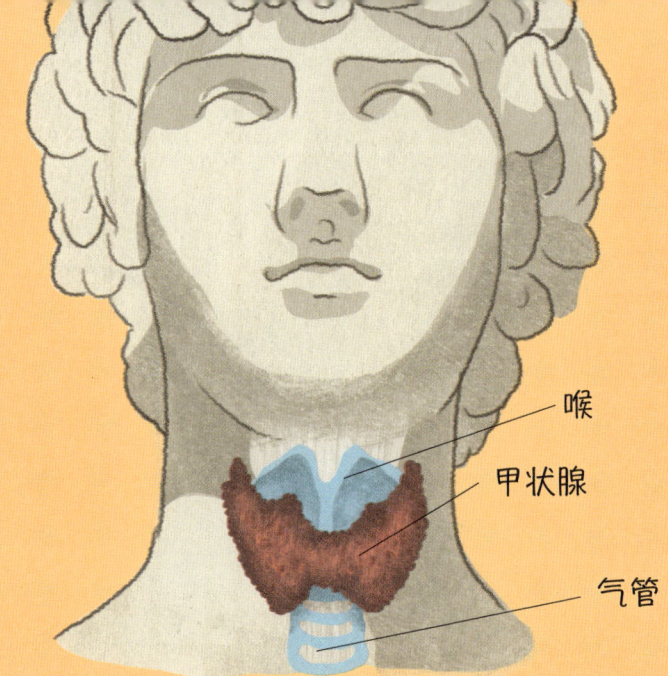

A. 甲状腺的解剖位置

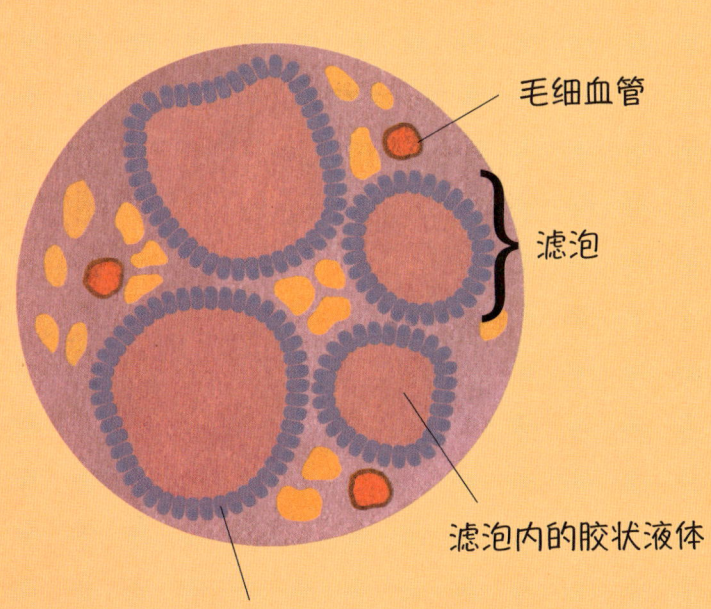

B. 甲状腺细胞的结构

准备转变为青蛙的正常蝌蚪。

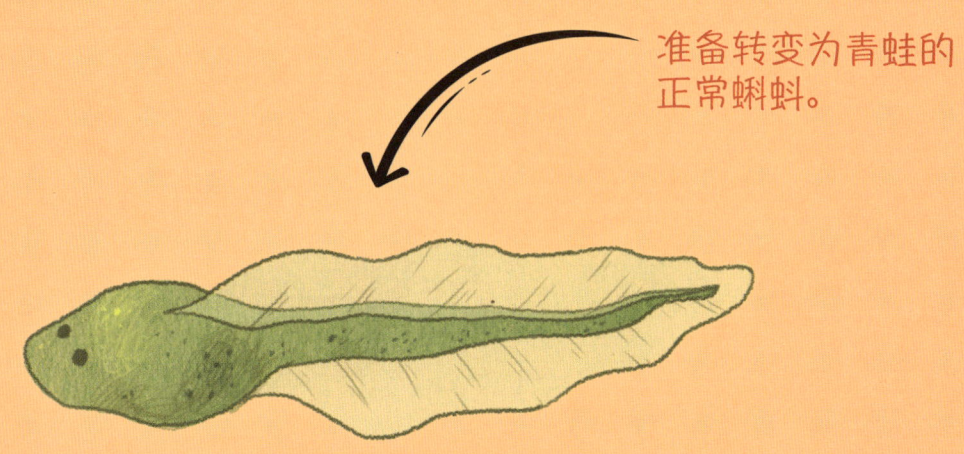

蝌蚪失去甲状腺素就只能继续生长但不会变成青蛙。蝾螈被美国进化生物学家蒂芬·杰伊·古尔德描述为"性成熟的蝌蚪"。

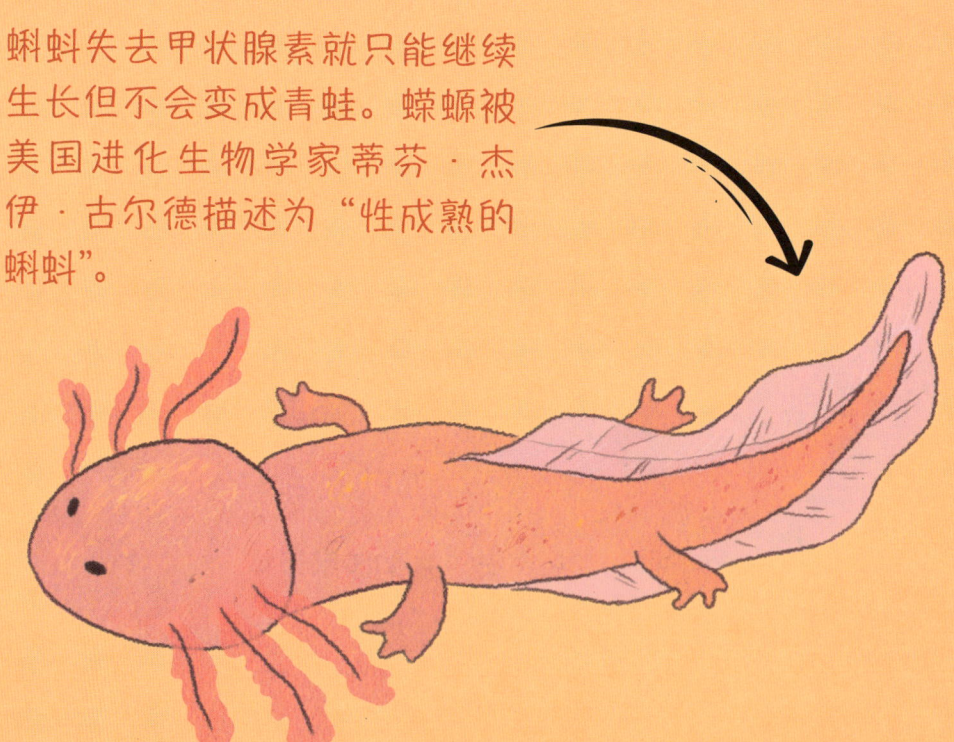

如果蝌蚪的甲状腺素分泌受阻或缺碘，它就不会变成青蛙，而是会继续长成一个大蝌蚪。

甲状腺两叶的后面有两对叫作甲状旁腺的小腺体，它们能分泌甲状旁腺激素（副甲状腺激素），控制血液中钙和磷的含量。副甲状腺激素的作用与降钙素相反，它的浓度过高时，钙会离开骨骼，导致血液中钙的浓度升高，若是骨骼缺钙，就会失去硬度，变得易碎。这就是骨质疏松症。

胸腺

在胸骨后方与心房水平的地方，有一个由两叶组成的小型内分泌腺，叫作胸腺。它的另一个名字是"儿童腺"，这是因为胸腺在人幼年时期就已发育成熟，在青春期达到最大尺寸，之后逐渐缩小。

胸腺最重要的功能是使免疫系统中淋巴细胞家族的成员成熟。这些淋巴细胞被称为胸腺依赖性淋巴细胞或T淋巴细胞。胸腺分泌两类激素：胸腺素和胸腺生成素。

胸腺素能阻止不善于区分自身细胞和外来细胞的淋巴细胞发育，而胸腺生成素则能刺激体内淋巴细胞的分裂和分化。因此，胸腺激素参与了免疫系统的建立。

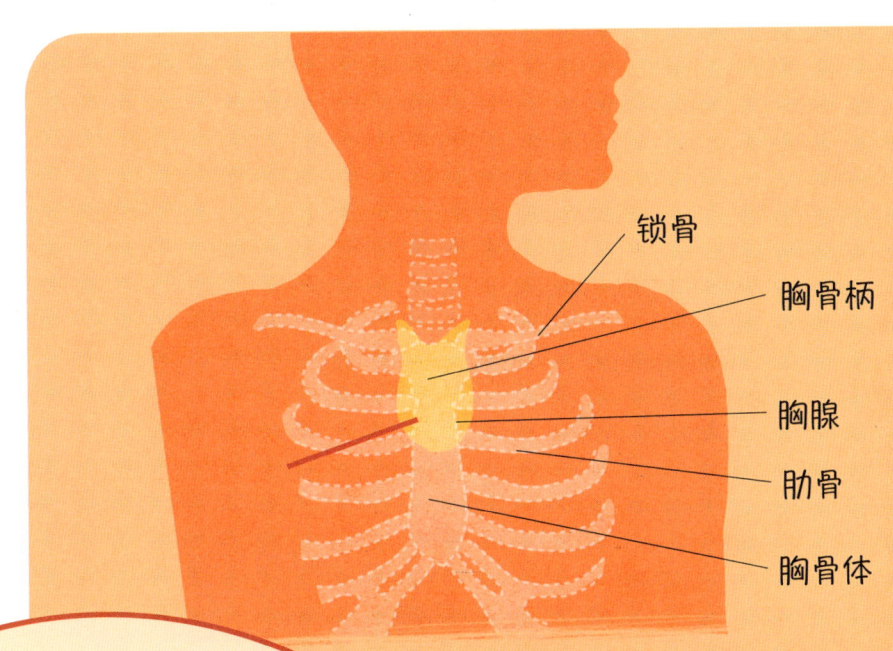

胸腺的解剖位置和结构

- 锁骨
- 胸骨柄
- 胸腺
- 肋骨
- 胸骨体

胸腺细胞的结构

- 保护囊
- 皮质、血管、上皮网状细胞、未成熟的T淋巴细胞
- 髓质、成熟的T淋巴细胞、巨噬细胞

肾上腺

肾脏的顶部有一个不大但非常重要的内分泌腺——肾上腺。每个肾上腺由两层组成：髓质层和皮质层。从本质上讲，这是两层性质不同的腺体。皮质层分为三个带：球状带、束状带和网状带。

肾上腺

A. 肾上腺的解剖位置

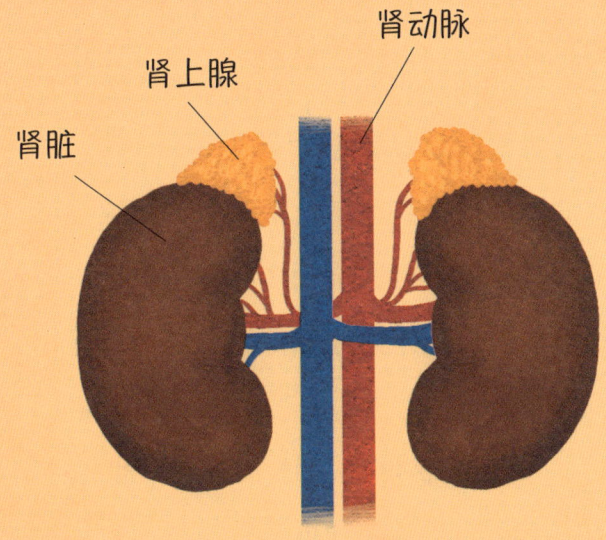

B. 肾上腺的各个区域

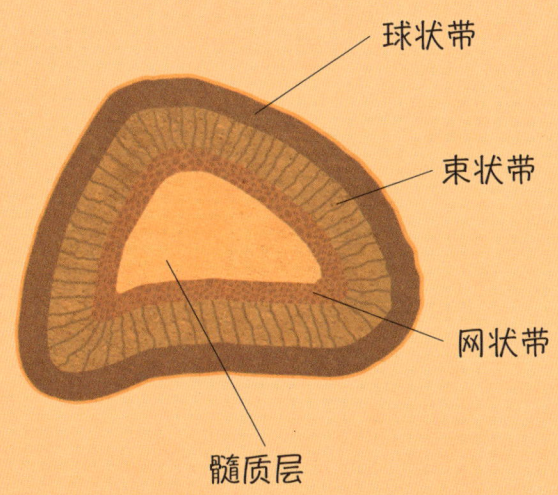

球状带的细胞分泌盐皮质激素，调控肾脏重吸收水和钠离子、排泄钾离子（保钠排钾）。束状带细胞分泌糖皮质激素，控制碳水化合物代谢和发炎的过程。网状带细胞分泌性激素，补充睾丸和卵巢的激素。垂体的促激素可以调节肾上腺皮质的工作。

肾上腺的髓质层分泌应激激素——肾上腺素，受神经系统调节。肾上腺素会影响大多数器官和系统，让它们为即将到来的艰苦工作做好准备。在这种情况下，一些器官的功能会被增强，而另一些器官的功能则会被抑制。例如，心脏加速跳动，呼吸加快，肌肉、大脑和皮肤的血管扩张（在工作和思考时散热）；与此同时，肠胃血管收缩（不想吃东西），流经性器官的血液减少（不想谈恋爱）。

胰腺

胰腺位于腹腔内，紧邻胃的底部。它属于混合型腺体，同时分泌消化酶和激素。胰腺大部分由外分泌细胞组成，分泌的胰液进入小肠。

在这些细胞中，还有一小部分内分泌细胞。这些细胞群被称为朗格汉斯细胞。胰岛细胞产生两种激素：胰岛素和胰高血糖素。胰岛素在血糖升高时释放。它刺激细胞吸收葡萄糖并将其储存在肝脏中。胰高血糖素在血糖浓度降低时释放，刺激肝脏消耗其葡萄糖储备。缺乏胰岛素会导致糖尿病。糖尿病患者体内的所有细胞都会缺乏葡萄糖，整个身体会因血液中葡萄糖过多而受到影响。

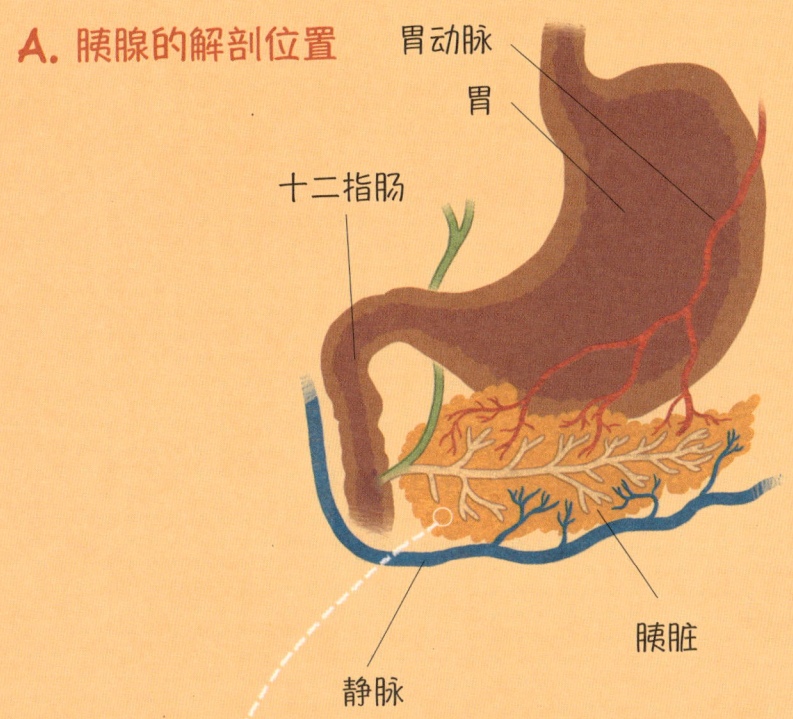

A. 胰腺的解剖位置

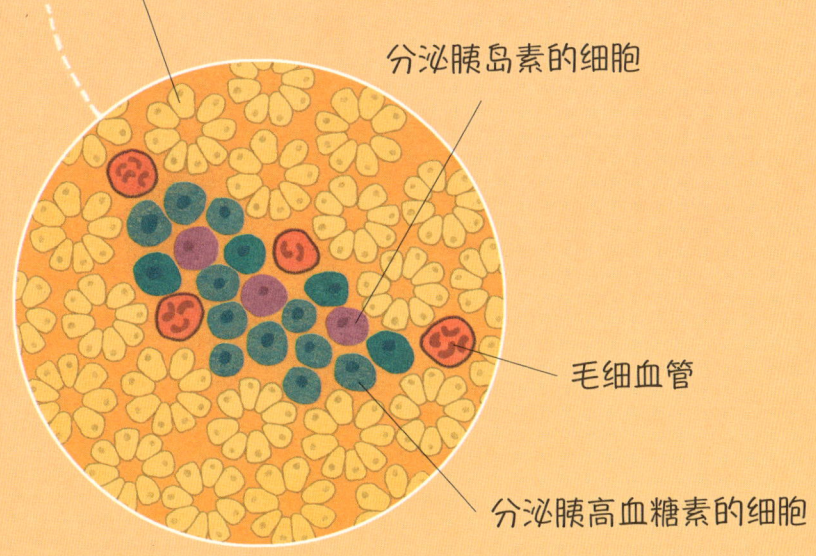

B. 胰腺的细胞结构

性腺

性腺也是一种混合型腺体。虽然我们更习惯于将它们与生殖过程——繁衍联系在一起，但它们的激素活动对机体产生的影响也不容忽视。

男性的性腺以睾丸为代表，女性则以卵巢为代表。基因对性别起着决定性作用：男性和女性在基因上存在差异——如果存在Y染色体，则男性性腺发育，而女性性腺则在没有Y染色体的情况下发育。在下一个发育阶段，睾丸向胚胎细胞发出激素信号，生殖系统按照男性生殖系统发育。雄性性腺产生的激素是睾酮，所有组织和器官都对其高度敏感。如果胚胎细胞接收不到睾酮的信号，性系统的发育就会转为雌性，所有器官和组织则会对雌激素高度敏感。

与此同时，在睾酮和雌激素的帮助下，大脑的性行为中枢也被设定了不同的程序。因此，男性以男性的方式实施性行为，而女性则以女性的方式实施性行为。

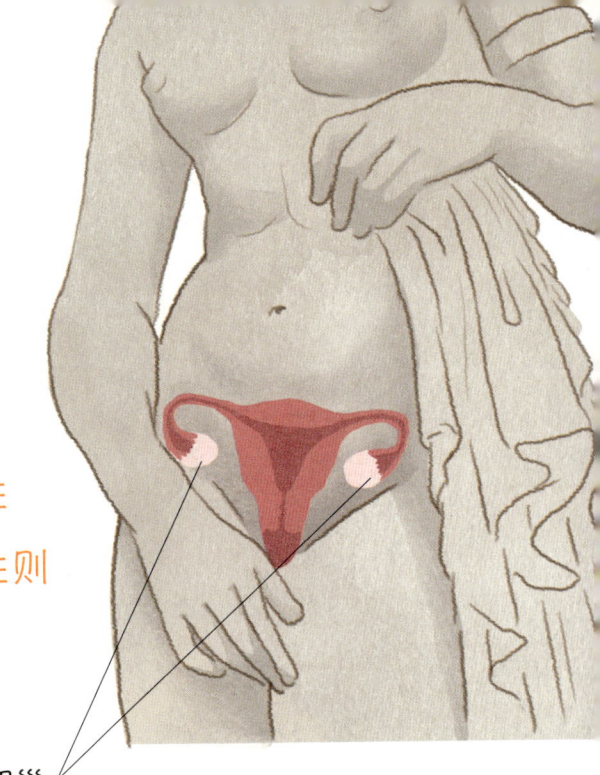

卵巢

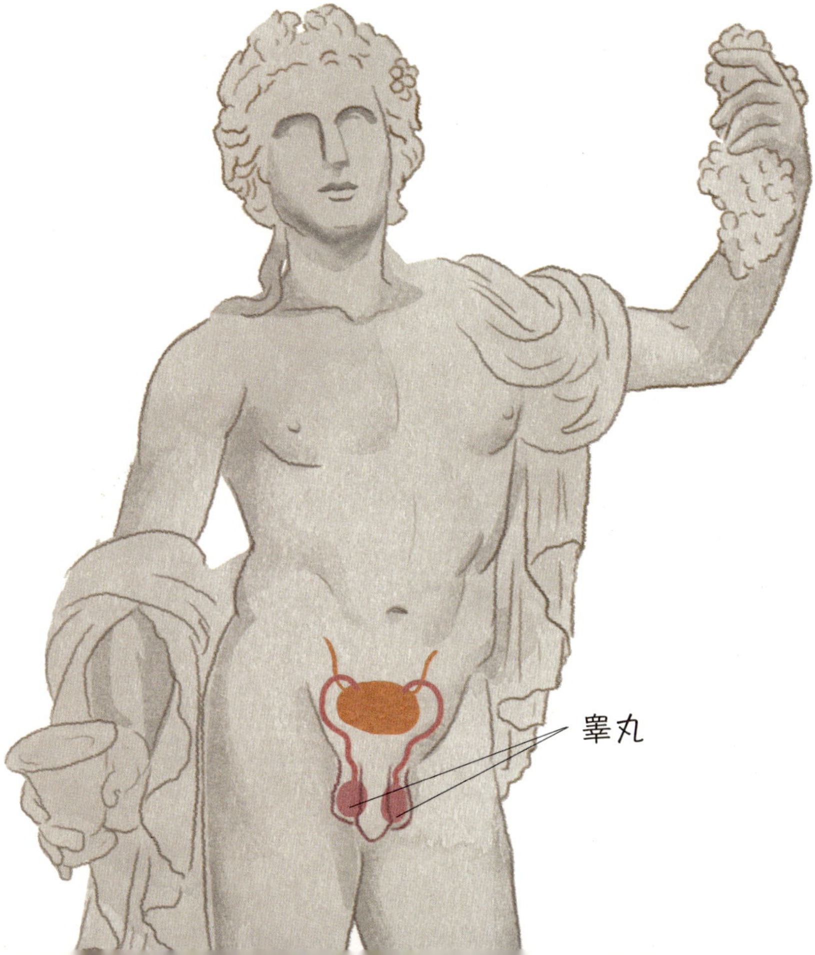

睾丸

　　第二波激素活动的高峰与青春期有关。女孩在12~16岁进入青春期，男孩则在13~17岁进入青春期。此时，一些可以用来区分男女但与性系统没有直接关系的解剖和生理特征正在积极发育，这些特征被称为第二性征。女性的第二性征包括乳腺发育、毛发生长、脂肪沉积、声音特征等。男性的这类特征包括雄秃[①]、声音低沉等。

除了这些影响外，性激素还支持大脑中性行为中枢的活动及成熟性细胞（生殖细胞）——配子——的产生。雄激素支持睾丸持续产生精子，雌激素则支持卵细胞成熟和受孕。

性腺受下丘脑—垂体系统的调节。男性的性激素睾酮由输精管壁上的莱氏细胞产生。女性的性激素则由成熟卵子周围的卵泡壁产生。怀孕期间，性激素由胎盘产生，胎盘是连接胎儿和母体的特殊结构。

有趣的是，男性和女性都有雌性、雄性激素，但男性的雄激素更多，女性的雌激素更多。

[①] 雄秃，即雄激素性脱发。——编者注

组织激素

很多人都知道内分泌腺，也知道压力和肾上腺素的关系，但很少有人听说过心脏、肾脏、肝脏和胃的内分泌活动。事实上，迄今为止，大多数器官和组织中都发现了类似激素的特殊信号物质。这些信号物质被称为组织激素。它们的化学性质是类似蛋白质的短分子——肽。

我们以胃肠道为例，来熟悉组织激素。如果胃部摄入大量食物，胃壁被撑开，内分泌细胞就会向血液中释放胃泌素。胃泌素进入血液循环，其中的一部分返回胃部，刺激胃腺工作和胃壁的活性。这就会加强消化过程。

含有脂肪的食物进入十二指肠后，十二指肠壁会向血液中释放胆囊收缩素。这种激素进入血液循环，通过动脉到达胆囊，刺激胆汁的分泌。这大大加快了脂肪的消化速度。

十二指肠壁的拉伸也会引起促胰液素的分泌，促胰液素进入血液循环中。这种激素作用于胰腺，增加胰液的分泌。

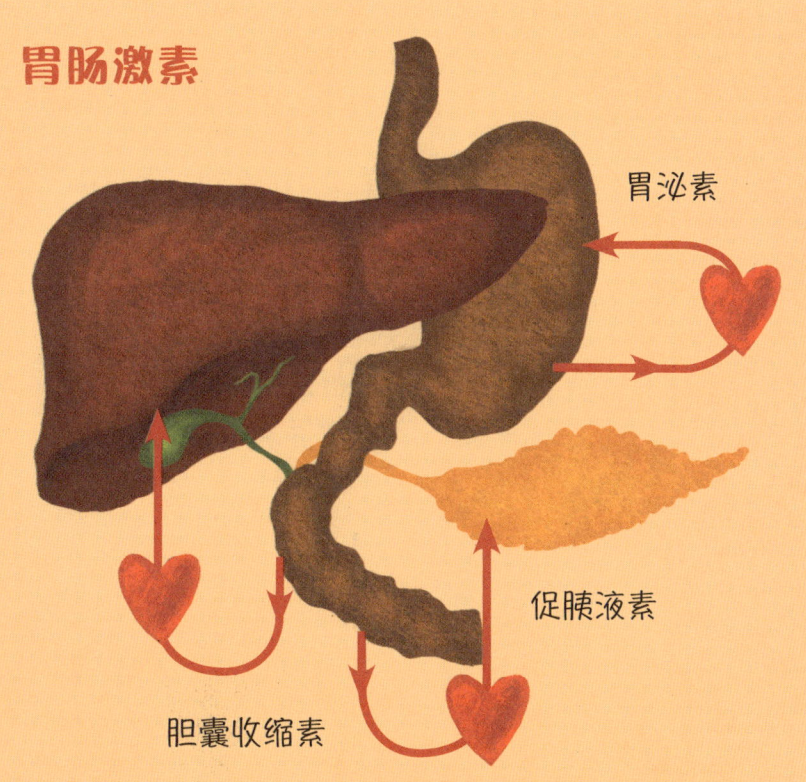

胃肠激素

胃泌素

促胰液素

胆囊收缩素

每一次旅行都会因为结识当地原住民而变得丰富多彩，而我们身体的原住民就是组成身体的细胞。

细胞系统

人体约有40万亿至60万亿个细胞。人体的不同细胞根据其功能的不同，在结构、形状、基本细胞器的发育程度，以及是否存在特化细胞器等方面都有所不同。但总体而言，所有细胞的结构大致是相同的。

最具异域风情的土著部落总是非常吸引旅行者。现在，我们将认识一些不同寻常的细胞，它们是血液的一部分。

人体细胞形态的多样性

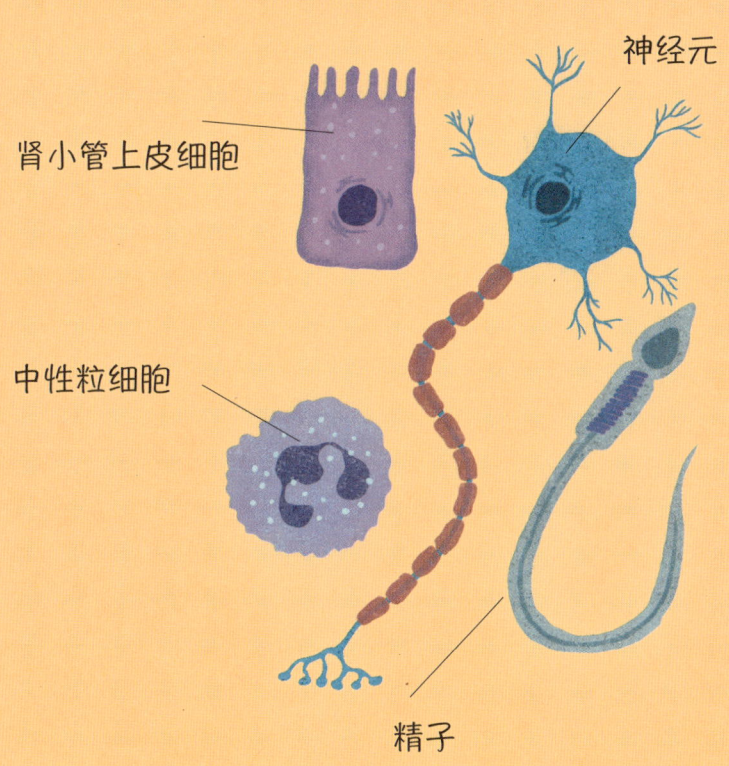

肾小管上皮细胞
神经元
中性粒细胞
精子

红细胞

我们首先要认识的是血液中的红细胞——红血球。它们诞生于骨腔中的红骨髓。红骨髓中的细胞分裂活跃，但其中一些细胞会停止分裂，积累血红蛋白，失去细胞核，成为红细胞。红细胞从毛细血管壁中"挤"出来，进入血液。在血液中，红细胞呈双凹圆盘状。

红细胞非常小：直径为7～8微米，厚度约为2微米。1毫升血液中含有450万至500万个红细胞。

红细胞的圆盘形状不仅增加了其表面积，还使其在通过狭窄的毛细血管时能够"弯曲"。这时，红细胞的直径会减小到4～5微米。

在红骨髓中，即将生成的红细胞充满了血红蛋白。从本质上说，血红蛋白是一种蛋白质分子，含有能与氧气可逆结合的铁离子。正是红细胞中的血红蛋白使血液呈现红色。

红细胞的结构和大小

A. 红细胞横截面

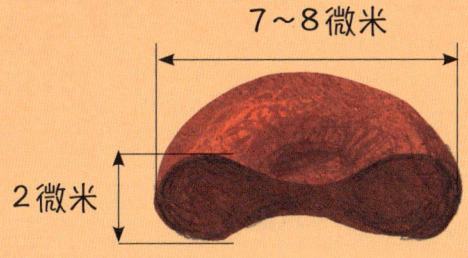

B. 形状发生变化
——"凹陷"的红细胞

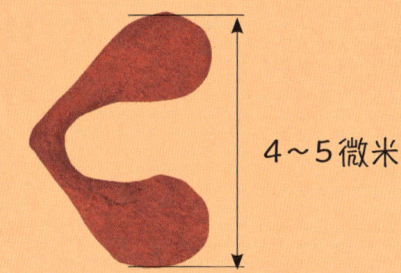

C. 毛细血管中
变形的红细胞

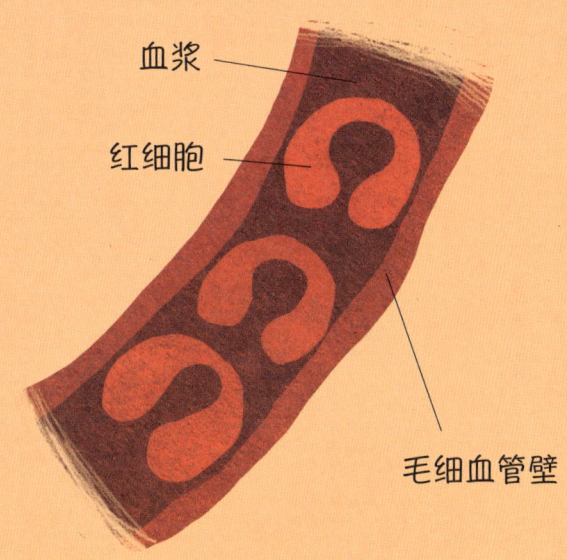

血红蛋白的分子结构

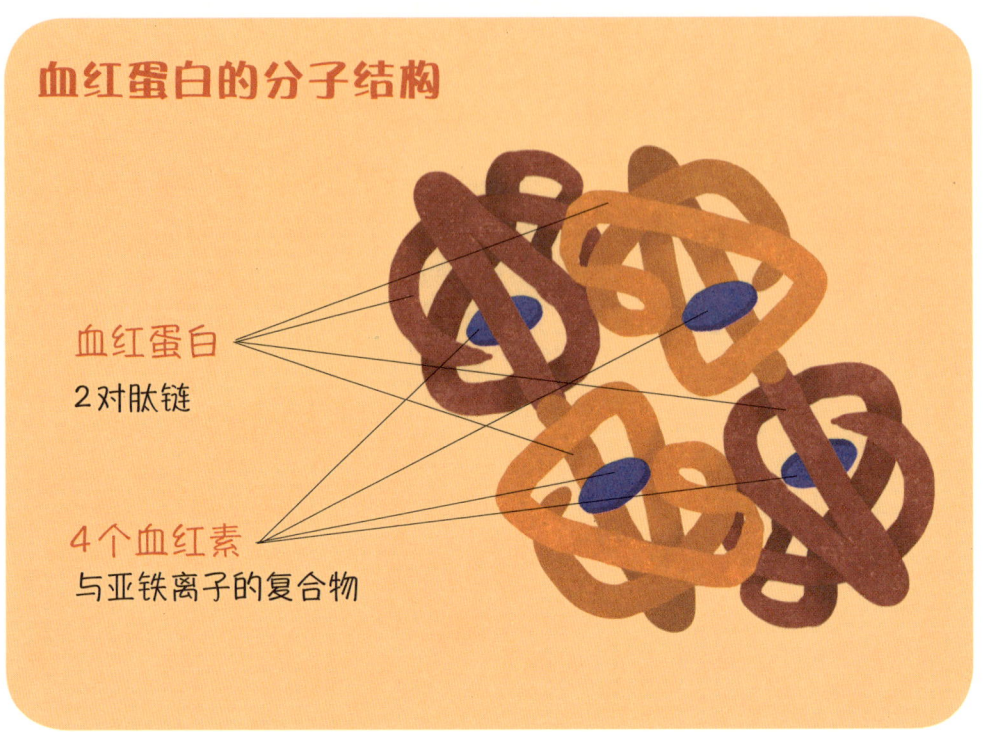

血红蛋白
2对肽链

4个血红素
与亚铁离子的复合物

红细胞还参与二氧化碳的运输。

红细胞的寿命为100～120天。在此期间，维持红细胞形状的细胞内的蛋白质网络会"衰老"并失去弹性。这样的红细胞如果进入脾脏，会弯曲不良，无法通过形状复杂且狭窄的毛细血管，并被卡在其中。生活在脾脏中的大量巨噬细胞会分解被困住的红细胞。血红蛋白"碎片"带着铁元素随血液进入肝脏。1分钟内，人体会分解约1.5亿个红细胞，同时也会出现同样数量的红细胞。红骨髓中的红细胞是由肾脏分泌的促红细胞生成素刺激而形成的。体内缺氧会刺激其释放。因此，在失血和高海拔的情况下，红细胞的生成量会明显增加。

促红细胞生成素是一种重要的药物。但一些不遵守规则的运动员可能会将其作为兴奋剂使用，他们迟早会被取消比赛资格。

巨核细胞

另一种不同寻常的细胞系统也与血液有关。在红骨髓中有一种非常大的细胞，它们具有巨大的细胞核，这些细胞被称为巨核细胞。在靠近毛细血管的细胞膜上有大量的突起。从这些突起中，被细胞膜包围的细胞质片段不断被带出。

在这些"碎片"中，有线粒体、溶酶体和许多含有生物活性物质的囊泡。

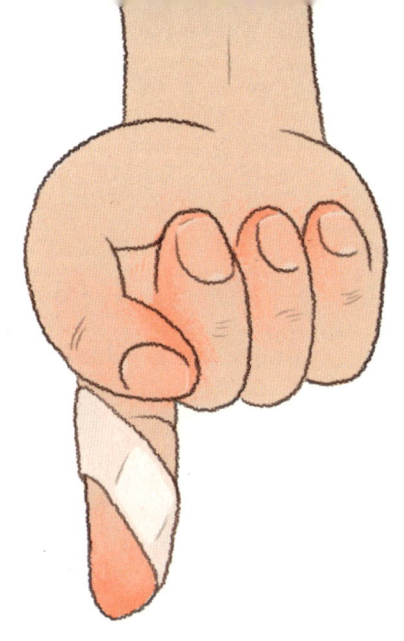

　　巨核细胞体积大,不容易通过毛细血管壁,但其碎片很容易进入血液。在血液中,它们呈板状,长约4微米,厚约1微米。作为血液的一部分,这些最小的细胞形态被称为血小板或血板。血小板的一个特性是,血管壁受损时,它们能够被进入血液的信息物质激活。被激活的血小板体积增大,外形呈圆形,表面有突起,可进行类似变形虫的运动。

　　血小板能够黏附在血管受损部位。这样,在血管壁的破洞附近就形成了一个血小板栓,防止血液继续流失。随后,血液凝固的同时,纤维蛋白丝会将黏在一起的血小板进一步连接起来。血小板向血液中释放化学信号,刺激血管壁的恢复,促进纤维蛋白块进一步压实。

血小板由红骨髓中的巨核细胞形成

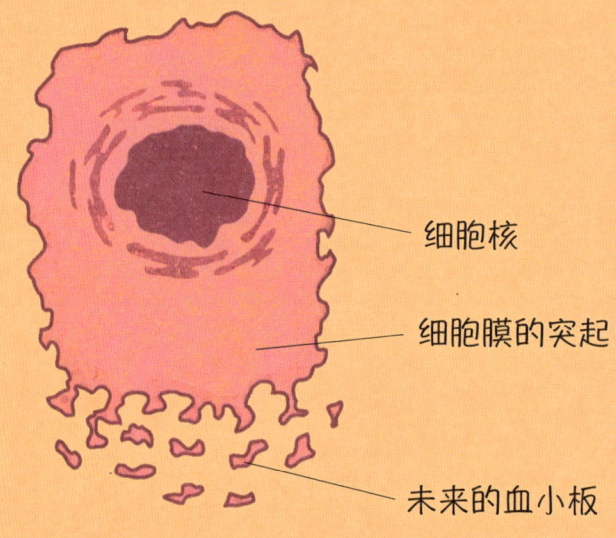

- 细胞核
- 细胞膜的突起
- 未来的血小板

- 毛细血管中的血小板
- 毛细血管

健康成年人1立方毫米的血液中含有10万至30万个血小板。血小板在血管中循环大约10天，然后在脾脏、红骨髓和肝脏中被分解。血小板的形成受肝脏分泌的促血小板生成素的刺激。

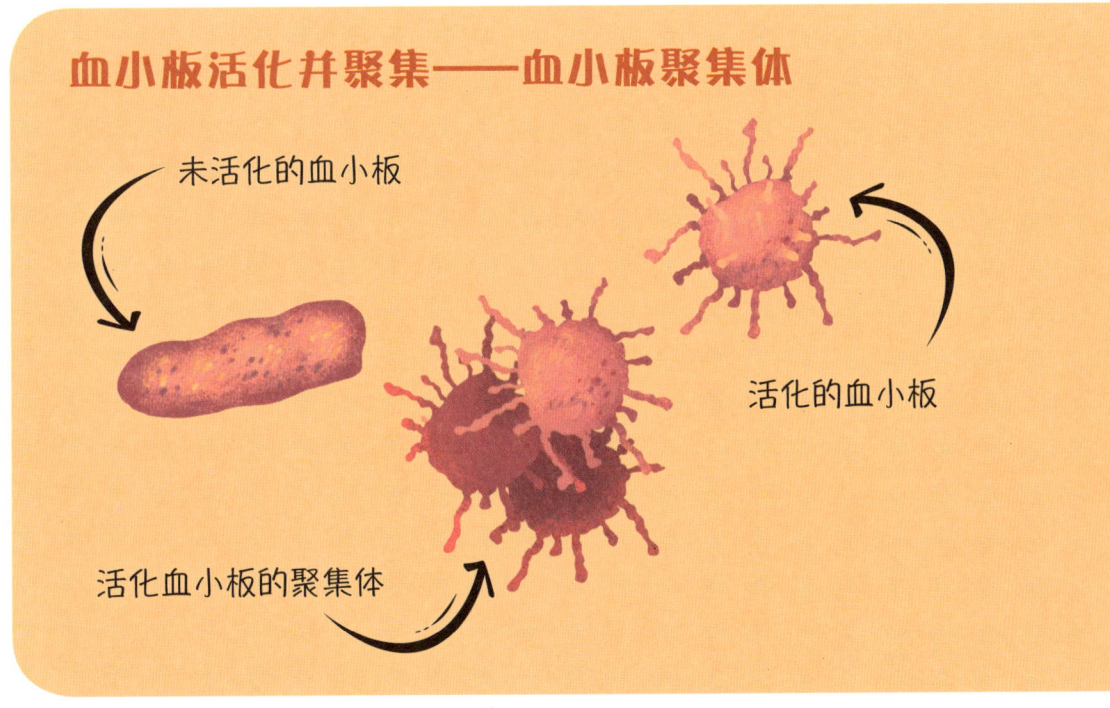

血小板活化并聚集——血小板聚集体

未活化的血小板

活化的血小板

活化血小板的聚集体

单核细胞

第三类细胞——血液中的"原住民",是我们将要认识的单核细胞。这些细胞也诞生于红骨髓,在未成熟状态下穿过毛细血管壁进入血液。单核细胞在血液中停留2~3天后成熟。它们的体积增大,细胞核变成豆状,细胞本身具有明显的吞噬能力。吞噬是指捕捉、吸收和消灭外来粒子(包括病原体)的能力。

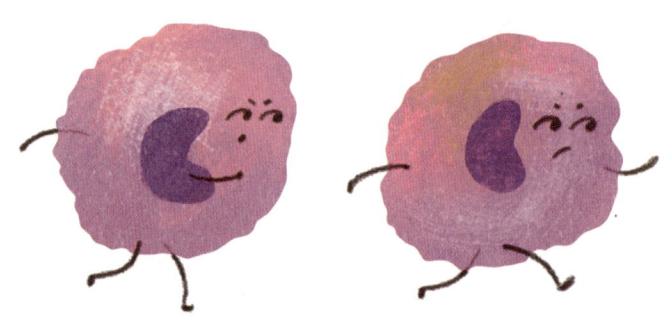

单核细胞的生命周期

- 红骨髓中未成熟的单核细胞
- 单核细胞穿过毛细血管壁
- 单核细胞在血液中循环（2~3天）
- 成熟单核细胞进入组织
- 单核细胞转化为巨噬细胞

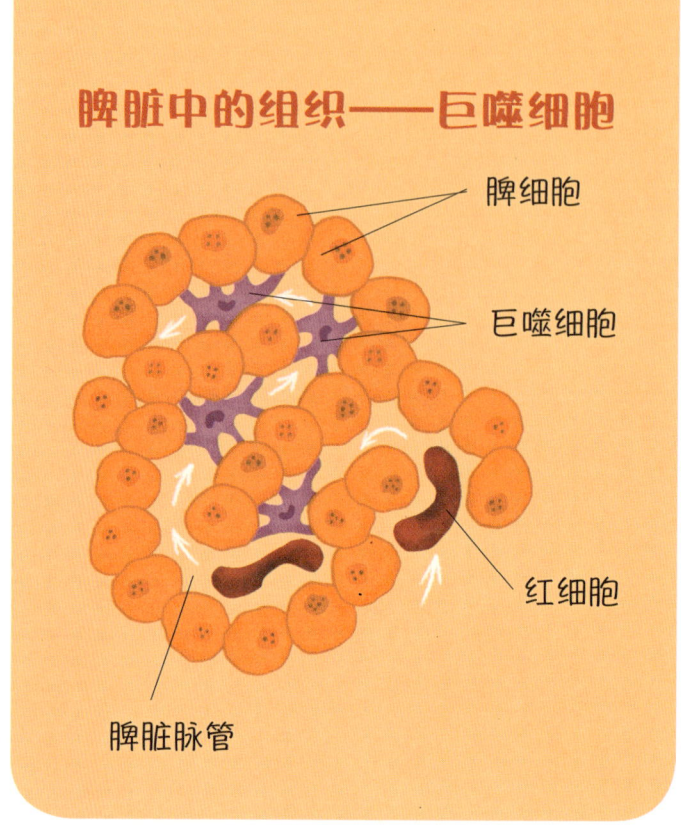

脾脏中的组织——巨噬细胞

单核细胞在可能出现病原体的器官和组织的毛细血管壁上定居三天。然后，它们再次穿过毛细血管，这时，皮肤、黏膜、脾脏、肝脏、淋巴结中含有大量离开毛细血管的单核细胞。一旦进入组织，单核细胞就会发生很大变化：数量增加，长出大量突起，生长到细胞间隙。此时，它们叫作巨噬细胞。

除了吞噬病原体，单核细胞还能产生抗菌和抗病毒物质（如干扰素）。

吞噬机制

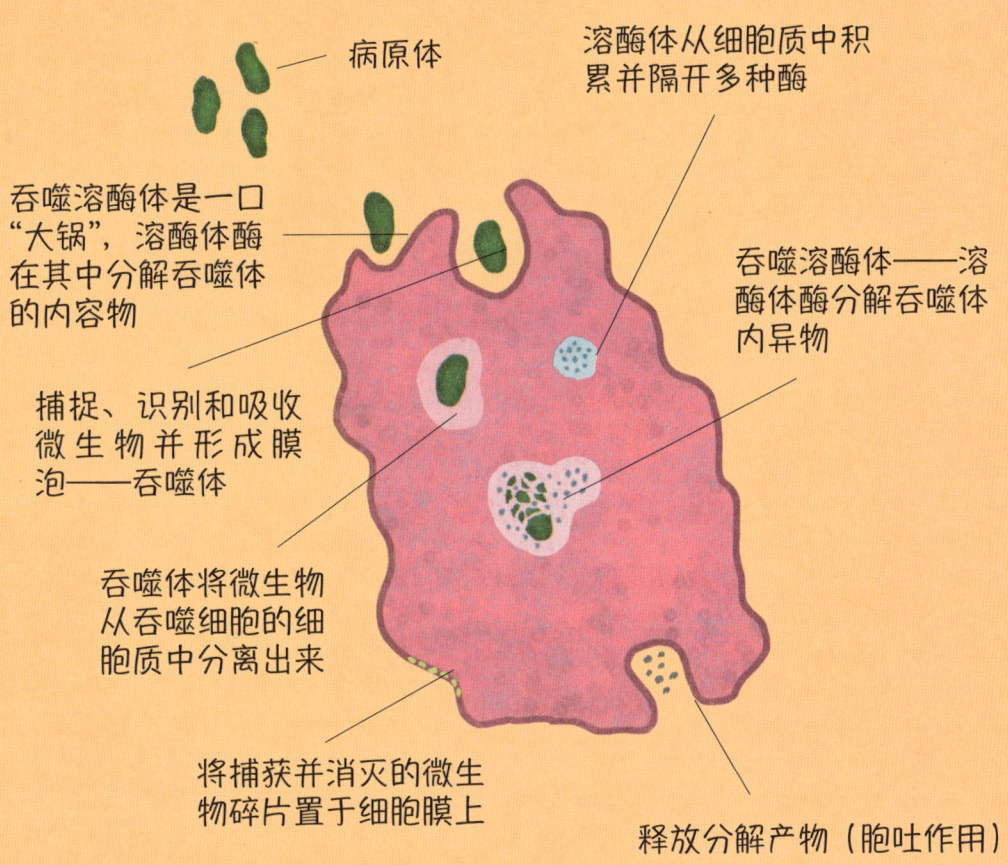

- 病原体
- 溶酶体从细胞质中积累并隔开多种酶
- 吞噬溶酶体是一口"大锅",溶酶体酶在其中分解吞噬体的内容物
- 吞噬溶酶体——溶酶体酶分解吞噬体内异物
- 捕捉、识别和吸收微生物并形成膜泡——吞噬体
- 吞噬体将微生物从吞噬细胞的细胞质中分离出来
- 将捕获并消灭的微生物碎片置于细胞膜上
- 释放分解产物(胞吐作用)

　　因此，转变为巨噬细胞的单核细胞在人体最脆弱的地方形成了保护屏障。也就是说，它们发挥着一种"边防卫士"的功能。但单核细胞并不是与血液有关的唯一卫士。除它之外，还有粒细胞和淋巴细胞。

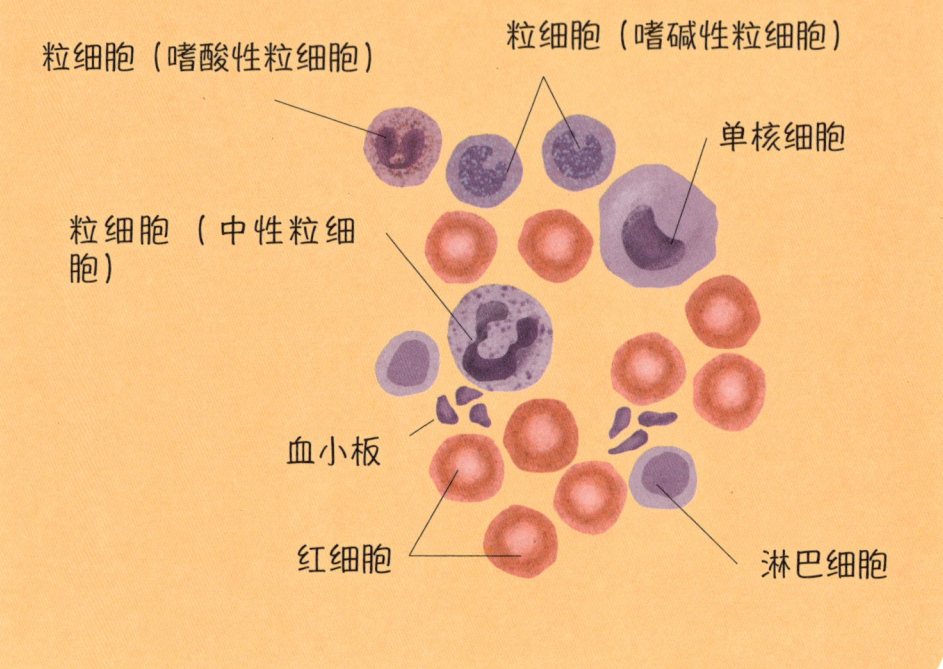

血涂片上的粒细胞

粒细胞（嗜酸性粒细胞）
粒细胞（嗜碱性粒细胞）
单核细胞
粒细胞（中性粒细胞）
血小板
红细胞
淋巴细胞

粒细胞

　　粒细胞的特征是细胞中存在大量具有生物活性的物质，形成有色颗粒。这些细胞能"对付"特定形式的病原体。其中一类粒细胞以吞噬能力强闻名，还能向化学信号源移动。

趋化过程示意图

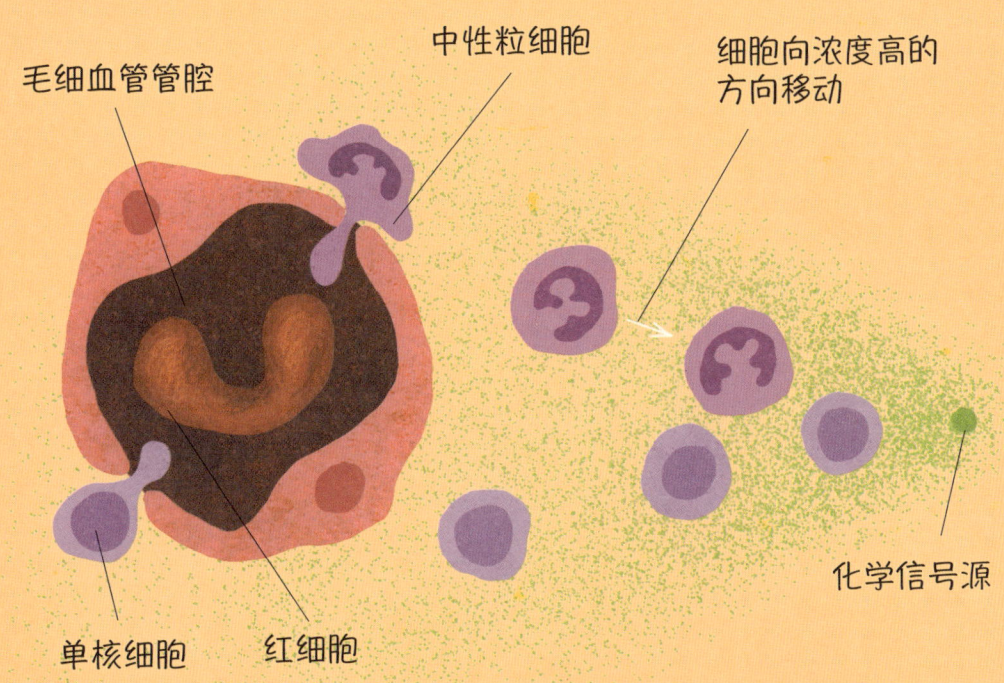

另一类粒细胞专门对付蠕虫和绦虫幼虫。这些粒细胞利用特殊的酶和过氧化物的化合物破坏寄生虫的保护壳。还有一类粒细胞会分泌影响毛细血管通透性和血液凝结的物质。

淋巴细胞是免疫系统中最专业、组织性最高的部分。它们能合成特殊的抗体蛋白，"黏住"外来物体，主要是病毒和细菌。组织巨噬细胞和粒细胞会接受抗体的指令："你应该试着吞下并消化这个东西。"同一种病原体反复进入人体时，与之相适应的淋巴细胞和抗体的数量就会迅速增加。这种效应是获得性免疫的基础。单核细胞、淋巴细胞和粒细胞都属于白细胞。

你必须把这个吞下去！

白细胞的不同种类

A. 颗粒状的（粒细胞）

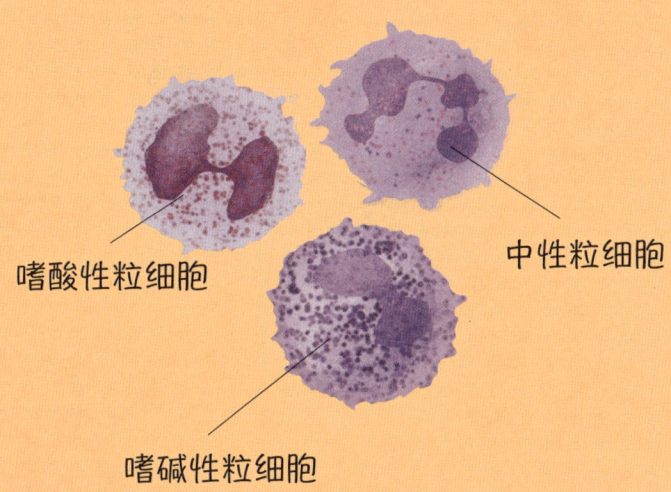

B. 非颗粒状的（无颗粒细胞）

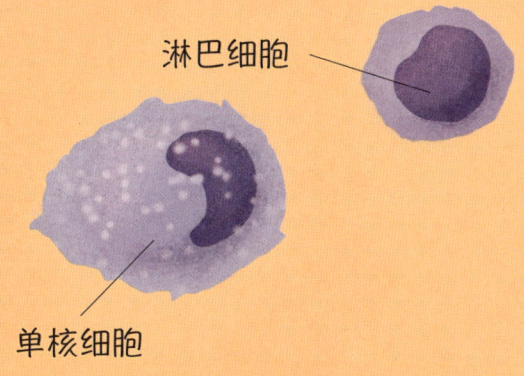

毫无疑问，你肯定知道什么是排水系统。排水系统是一种快速排出多余液体的系统。我们都见过花园小径上的排水沟、高速公路上的排水设施、花盆里用于排水的鹅卵石。

淋巴系统

人体中也有发达的排水系统——淋巴系统。它能清除毛细血管在新陈代谢过程中产生的多余组织液。

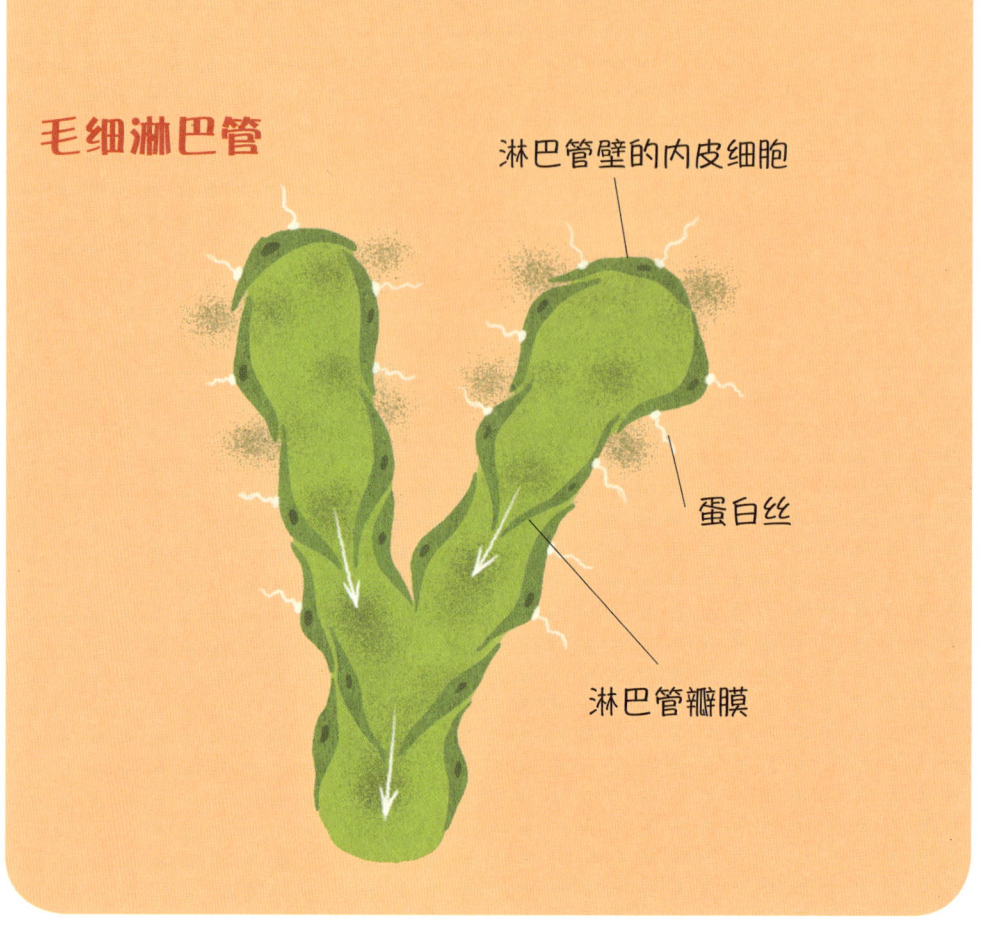

毛细淋巴管
淋巴管壁的内皮细胞
蛋白丝
淋巴管瓣膜

毛细血管是如何工作的？

血液进入动脉时的压力约为30毫米汞柱，明显高于周围组织的压力。由于这种压力差，液体从毛细血管流出，进入组织液，输送细胞所需的营养物质、矿物质和有机物。这一过程被称为毛细血管过滤，类似肾小球毛细血管床的过滤过程。血液在毛细血管中移动时压力会下降，所以静脉端毛细血管的压力低于组织液的压力。

因此，组织液开始带着细胞废物（代谢废物）返回毛细血管。血液离开毛细血管时的压力约为15毫米汞柱。但并非所有组织液都会返回，其中一些会留在组织的细胞间隙中，然后进入毛细淋巴管。毛细淋巴管的一端是封闭的盲端，其管壁由单层内皮细胞组成，并通过蛋白丝与周围组织相连。组织细胞间隙中的液体越多，毛细淋巴管就越宽，管壁的渗透性就越强。

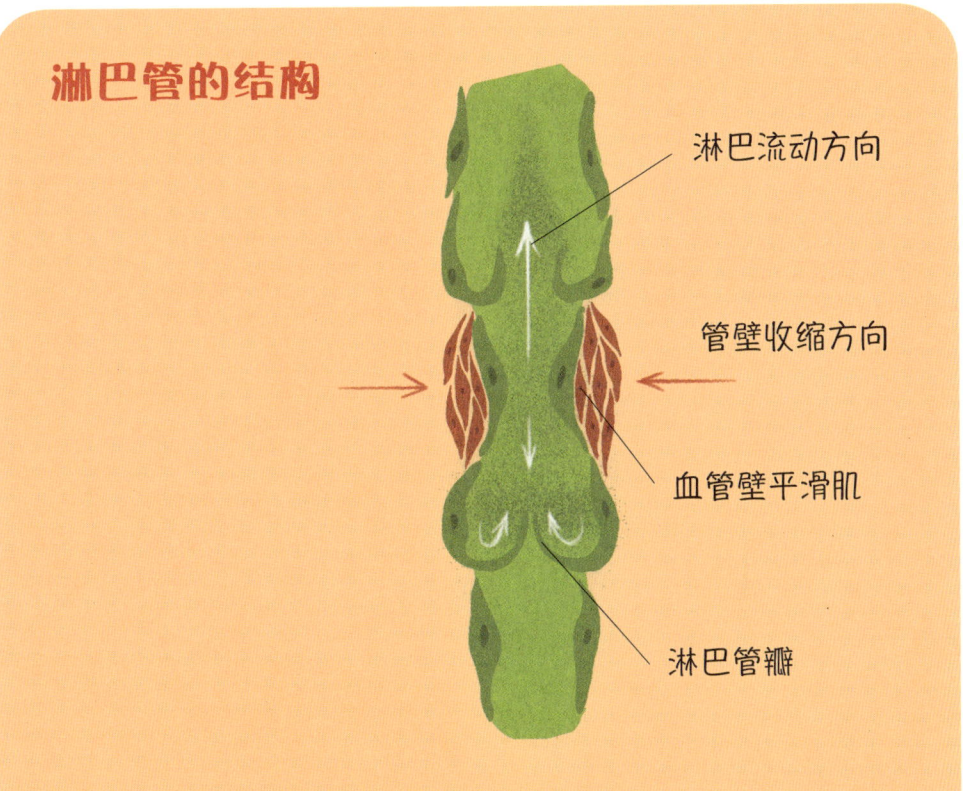

淋巴管的结构

- 淋巴流动方向
- 管壁收缩方向
- 血管壁平滑肌
- 淋巴管瓣

毛细淋巴管是淋巴系统的发源地，淋巴管壁上有平滑肌和半月形瓣膜。平滑肌会自主收缩，帮助淋巴移动。

小淋巴管汇入大淋巴管，大淋巴管汇入淋巴结。

淋巴结周围有一层保护膜，里面充满了松散的淋巴组织，还有许多类似毛细血管网的导管。淋巴组织中含有大量淋巴细胞和巨噬细胞。淋巴通过淋巴结循环，排出体内所有潜在的有害成分。

大淋巴管从淋巴结中伸出，流入淋巴管。最大的淋巴管是胸导管，它的末端是下腔静脉。这样一来，毛细血管的液体又重新回到了血液中。

排水并不是淋巴系统的唯一功能。它还能输送脂肪、脂溶性维生素、某些激素和蛋白质。淋巴系统的保护功能家喻户晓。身患某些疾病期间，淋巴结都会增大并发炎，这说明白细胞正在与病毒、细菌进行搏斗。

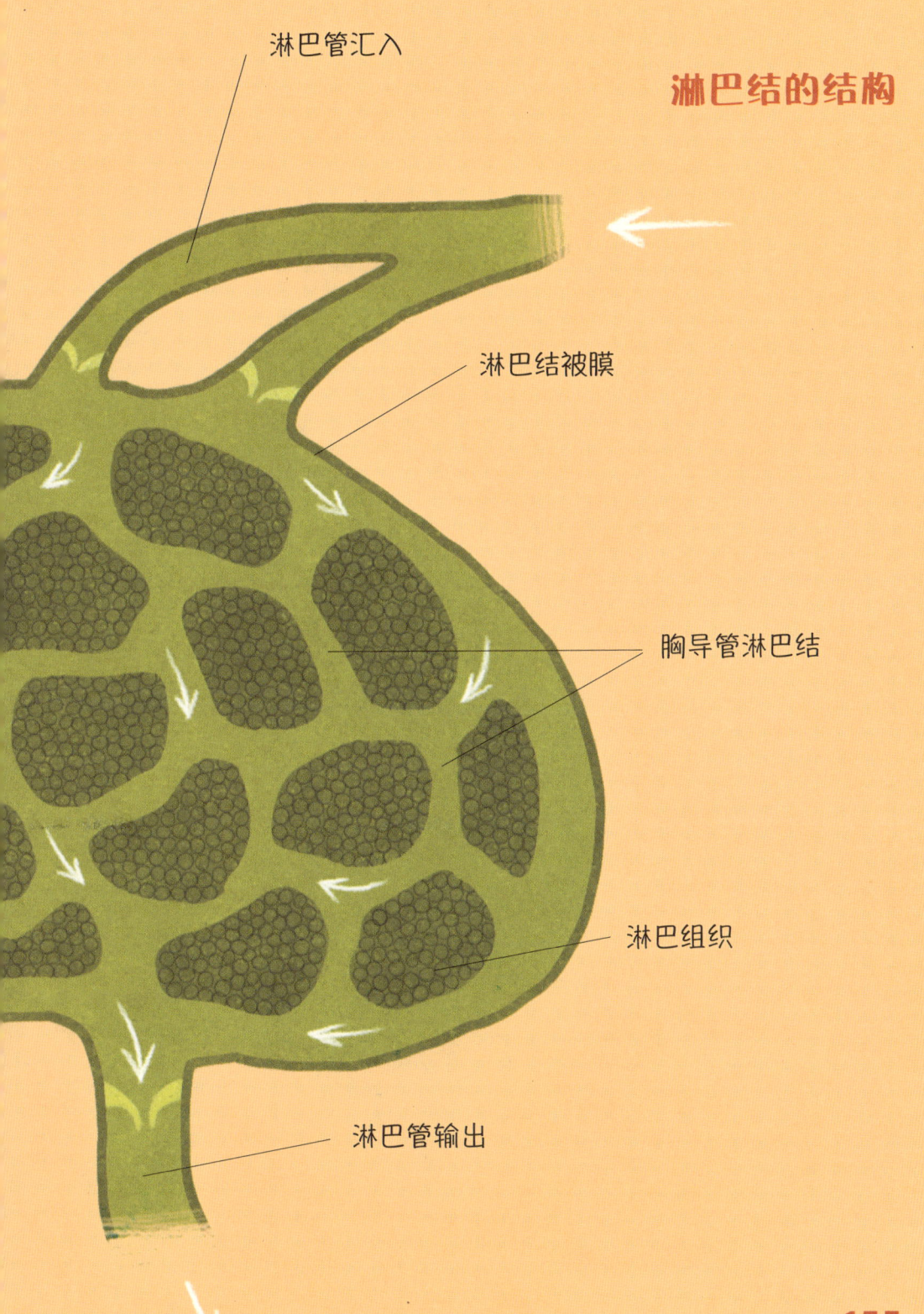

接下来我们要探索的是消化系统。

消化系统

为此,我们将带着一块食物从口裂进入口腔。在口腔中,牙齿和舌头对食物进行机械加工。同时,唾液对食物进行浸渍。

消化系统

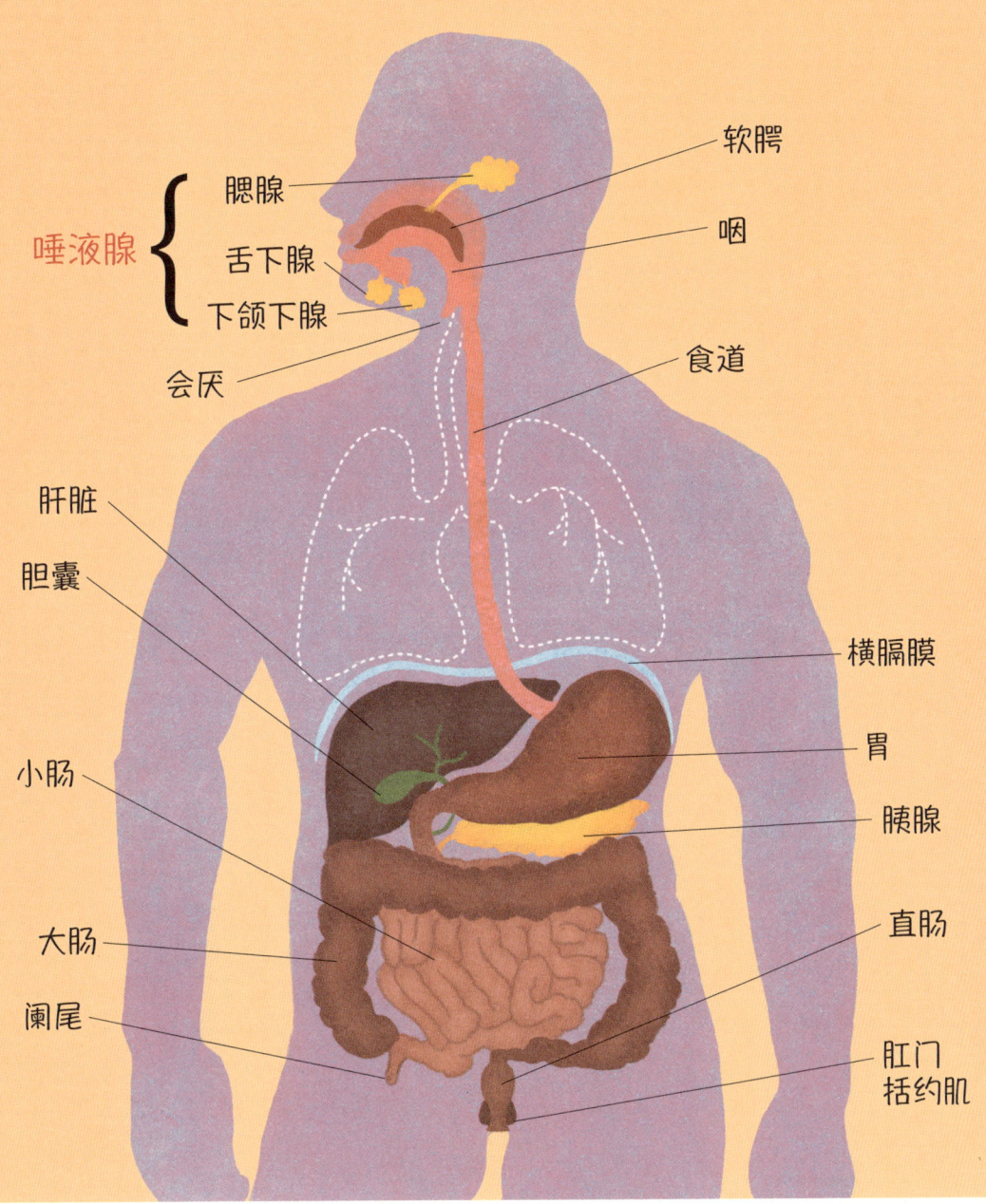

人类有32颗牙齿,其中下颌有16颗。在下颌的16颗牙齿中,4颗是门齿,2颗是犬齿,4颗是前臼(jiù)齿,6颗是大臼齿。

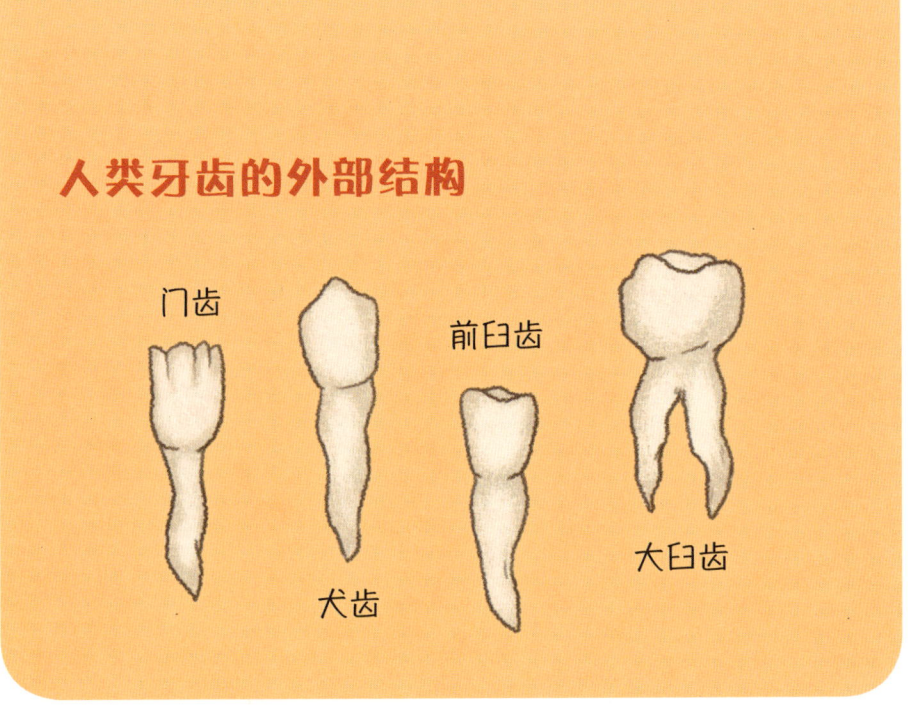

人类牙齿的外部结构

门齿
犬齿
前臼齿
大臼齿

　　门齿和犬齿用来撕咬食物，前臼齿和大臼齿则负责磨碎食物。口腔中的唾液由口腔壁上的许多小腺体和三对大唾液腺——两个舌下腺、两个下颌下腺和两个腮腺分泌。唾液的主要成分是水，也含有盐分、能够形成黏液的黏蛋白，以及淀粉酶和溶菌酶。唾液呈弱碱性。唾液中的水分可以浸湿食物碎块，盐分则使其形成微碱性环境，而黏蛋白黏液会促进食物继续移动。淀粉酶能将碳水化合物分解成小的低聚糖，而溶菌酶能消灭食物中的细菌。

口腔对食物进行机械和化学处理的同时，我们还需要检测食物是否可以食用。这项工作由舌头上的味蕾完成。

舌头的整个表面都散布着不同形状的舌乳头，呈叶状、菌状和轮廓状。在乳头的侧面分布着味蕾，其中包括感觉细胞。它们对某些化学物质做出反应，并向中枢神经系统发出信号。这些信号对评估食物的质量非常重要。

食团从口腔进入由几块肌肉组成的咽部，在吞咽反射的作用下进入食道。吞咽反射由舌根部的机械感受器触发，表现为咽部肌肉收缩和会厌入口关闭。

舌头上味觉感受器的结构

A. 轮廓乳头（外部视图）

B. 轮廓乳头切面

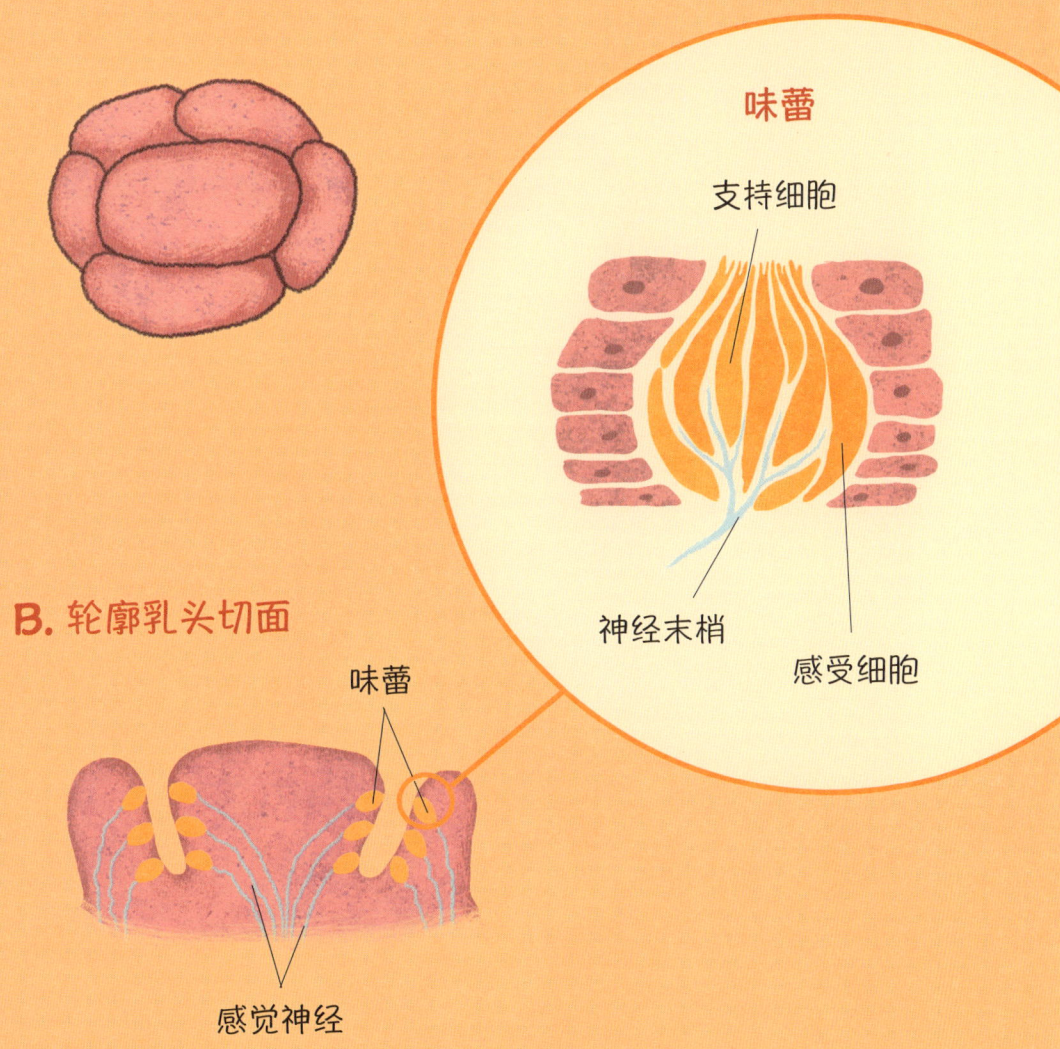

吞咽过程

A.

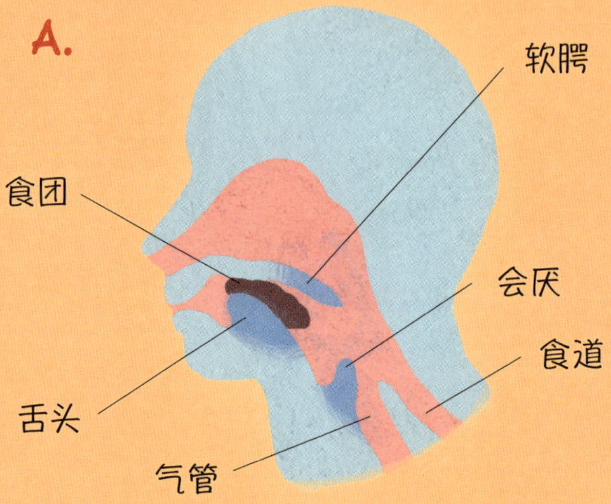

- 软腭
- 食团
- 会厌
- 食道
- 舌头
- 气管

B.

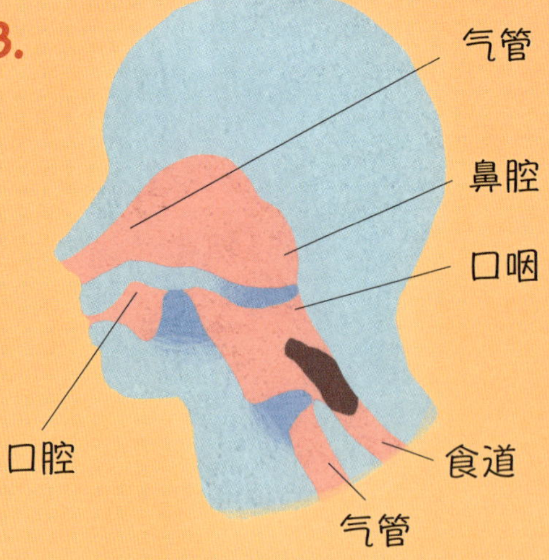

- 气管
- 鼻腔
- 口咽
- 口腔
- 食道
- 气管

食道

食道是一条从咽部通向胃部的短管。食道壁的结构与消化道的其他部分相同。从外面看,食管被一层坚韧的纤维状结缔组织层所覆盖。下面有两层平滑肌:一层平滑肌细胞呈圆形排列,另一层则沿着食道排列。食道壁的最上层不是平滑肌,而是横纹肌。肌肉层下面是黏膜下层,包含血管、淋巴结和腺体。黏膜层与食管腔相通,由薄薄的肌层、基底层和表皮层组成。在肌层之间和黏膜层下的肌肉边界处有两个神经网络或两个神经丛。

在神经网络和神经丛的帮助下，消化道不仅能对接收到的指令做出反应，还能激活自身的反射弧。蠕动就是一种局部反射活动，能让食物通过肠道。食物碎块被压在肠壁上，肠壁上的机械感受器受到刺激，将信号传递给神经丛。神经丛向肌肉组织发出指令：食物碎块上端的环形肌肉收缩，下端的肌肉放松，与之水平的纵向肌肉收缩。因此，食物块能够向下移动。

食道中没有消化腺。唾液淀粉酶在里面继续"工作"，并维持微碱性的化学反应环境。

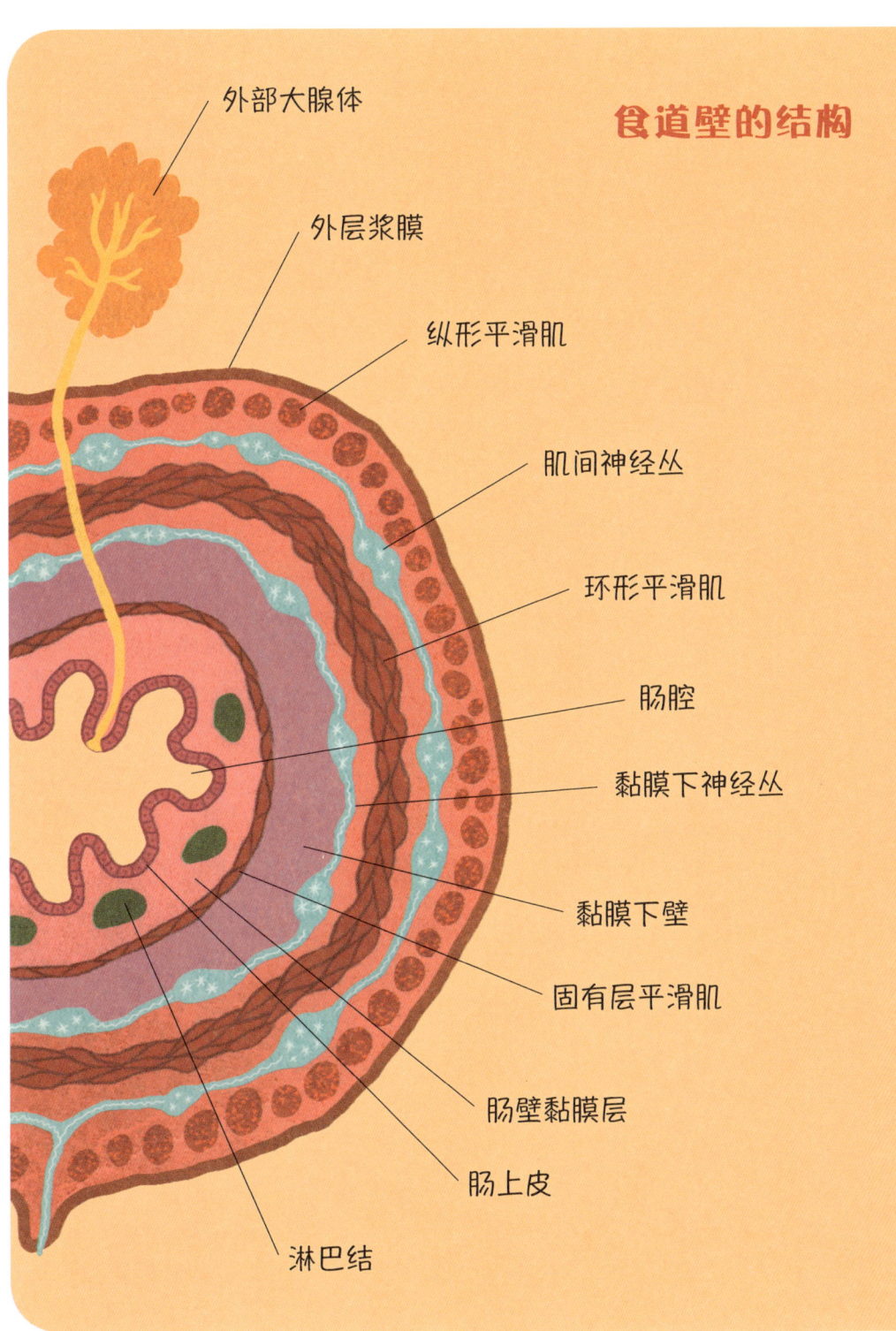

食道壁的结构

胃

我们的"人体之旅"从食道来到胃。胃是消化管的膨大部分。食物进入胃部的量由特殊的括约肌阀门（贲门括约肌）调节。胃壁上还有一层肌肉——内斜肌层。进入胃的食物会在胃里停留4到6个小时。

胃壁上的许多小腺体会分泌胃液，其中含有胃蛋白酶和脂肪酶，以及盐酸和黏蛋白。胃蛋白酶将蛋白质分解成小片段（肽）和氨基酸，而脂肪酶将脂肪分解成脂肪酸和甘油。

盐酸则具有多种功能：激活胃蛋白酶，使蛋白质更容易被分解，也能抑制细菌和其他微生物的生长。黏蛋白可以形成黏液，保护胃壁不受胃蛋白酶和盐酸的影响。脂肪进入胃时的形态还不容易被消化，因此胃中脂肪酶的活性较低。

白天，胃腺能够分泌1.5～2升胃液，加上胃壁的收缩，胃液可以不断与食团混合。

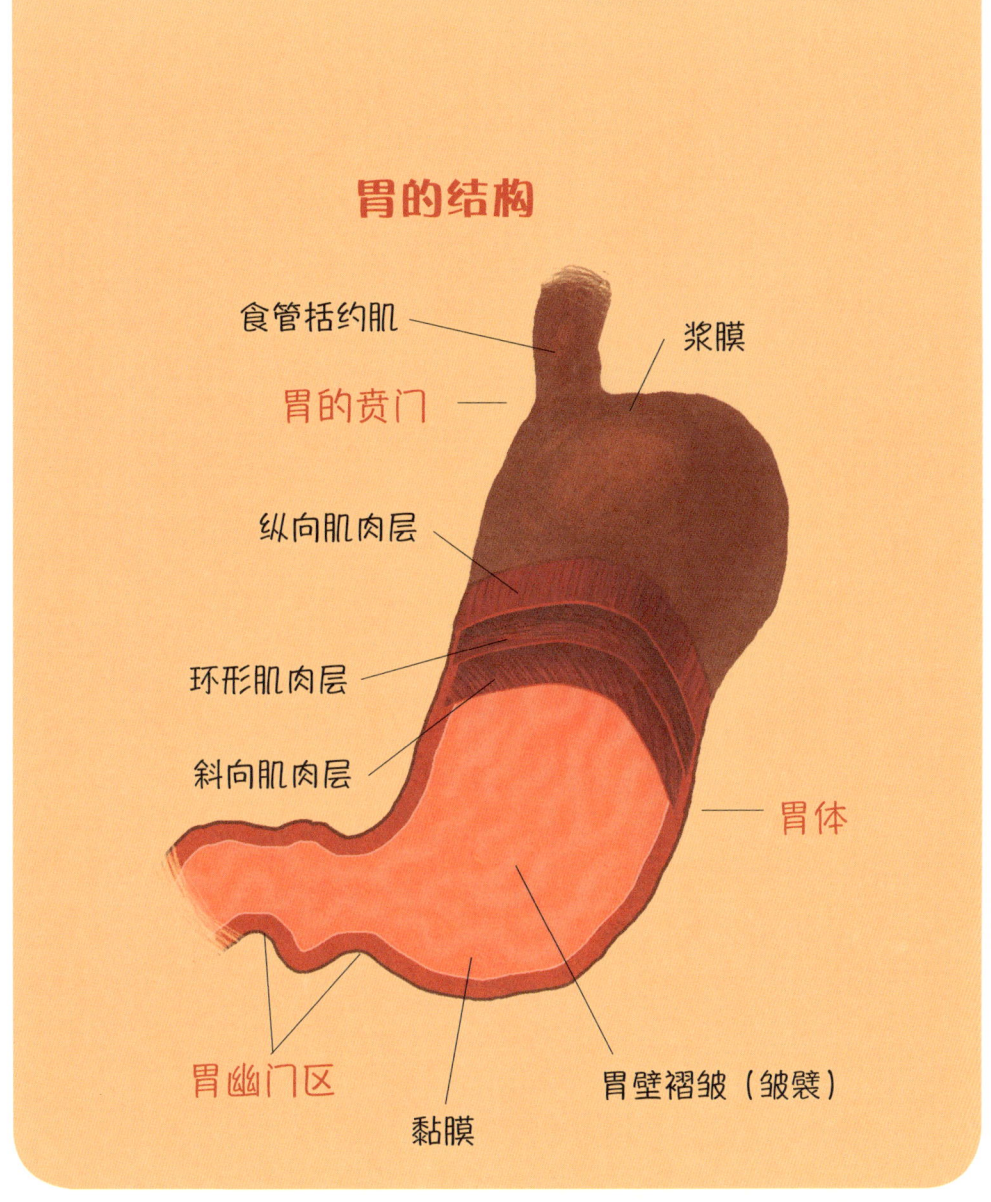

胃的结构

- 食管括约肌
- 浆膜
- 胃的贲门
- 纵向肌肉层
- 环形肌肉层
- 斜向肌肉层
- 胃体
- 胃幽门区
- 黏膜
- 胃壁褶皱（皱襞）

幽门括约肌控制食物从胃中排出的过程。幽门括约肌打开的信号是氨基酸的出现，这表明在胃中进行的消化过程已经完成。

十二指肠

食物从胃进入十二指肠,这是小肠最开始的部分。十二指肠的起始处有一些小腺体,它们分泌的碱可以中和胃中的盐酸。

胰管和胆管一起汇入十二指肠。

十二指肠的位置和结构

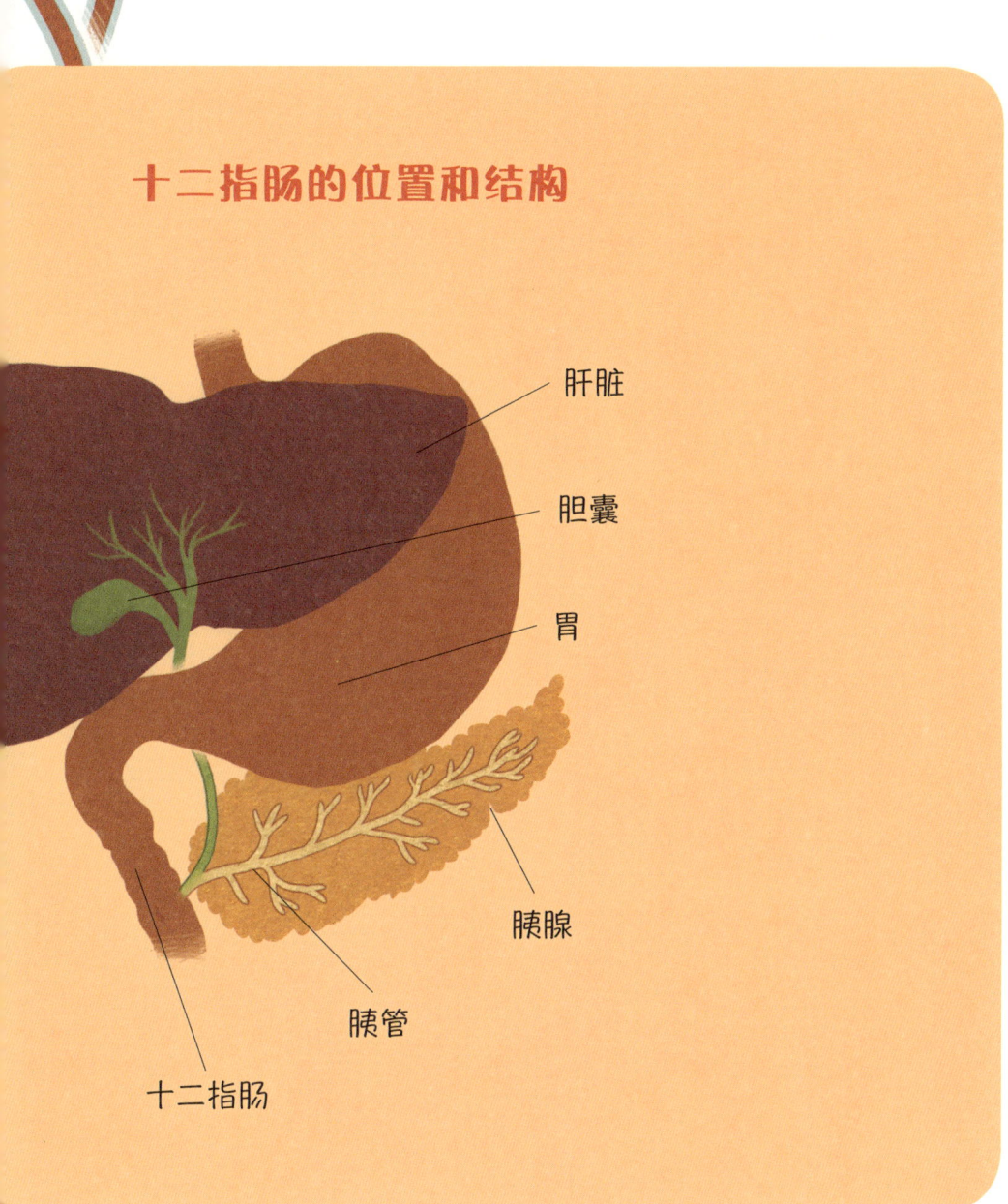

胰腺

胰腺分泌胰液，胰液含有多种酶，可将碳水化合物分解为单糖，将蛋白质分解为氨基酸，将DNA和RNA分解为核苷（gān）酸，将脂肪分解为甘油和脂肪酸。

胆管

胆管输送由肝脏产生并由胆囊储存的胆汁。胆汁中含有参与消化的胆汁酸、胆色素、胆固醇和需要排出体外的重金属盐。

胆汁酸可将大量积聚的脂肪（聚合体）转化为能够漂浮在水中的微小液滴（乳状液）。这种形态的脂肪能够更快地被脂肪酶分解。

小肠

所有食物成分(蛋白质、脂肪、碳水化合物、核苷酸)的消化都在小肠中完成。食物被消化成适合吸收的碎片。由于小肠的特殊结构,吸收也在小肠中进行。

小肠长约4米。食物在小肠中大约停留6个小时。从内部看,小肠的表面有三层大褶皱,表面都长着手指状的突起——肠绒毛,它们使小肠内表面积增加了10倍。

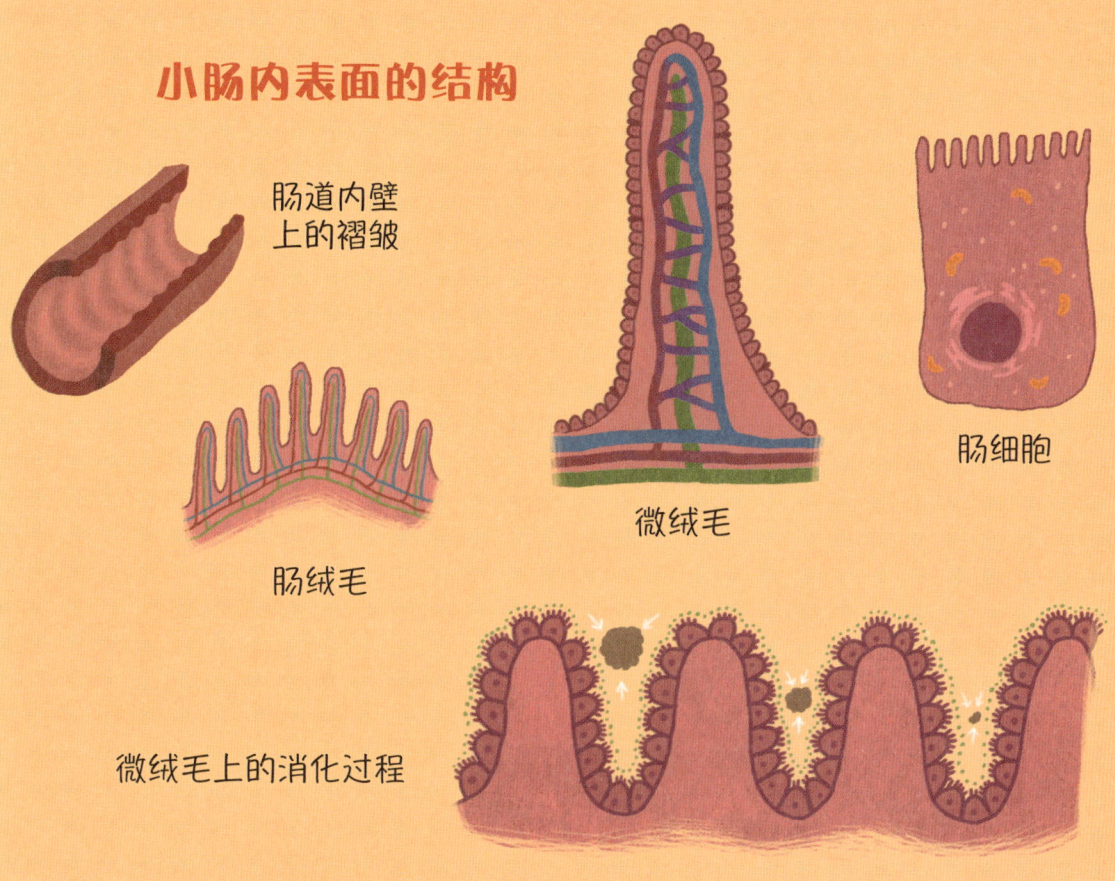

小肠内表面的结构

肠道内壁上的褶皱

肠绒毛

微绒毛

肠细胞

微绒毛上的消化过程

　　肠绒毛上覆盖着肠上皮细胞——肠细胞。肠细胞膜上有微小的突起——微绒毛，它们使小肠内表面积又增加了20倍。

　　肠细胞能够合成大量酶，这些酶进入肠腔后与肠道黏膜结合。除了酶之外，肠细胞膜上还带有多糖丝。这些丝将肠腔中的各种酶固定在肠壁上。它们与肠细胞膜上的酶一起，在肠壁上形成一个高度浓缩的酶层，这就是刷状缘。

刷状缘能够捕捉并留住肠腔中已被消化的食物颗粒。一旦被各种酶包围，这些颗粒就会被迅速分解。这种机制被称为膜消化或消化道壁消化。

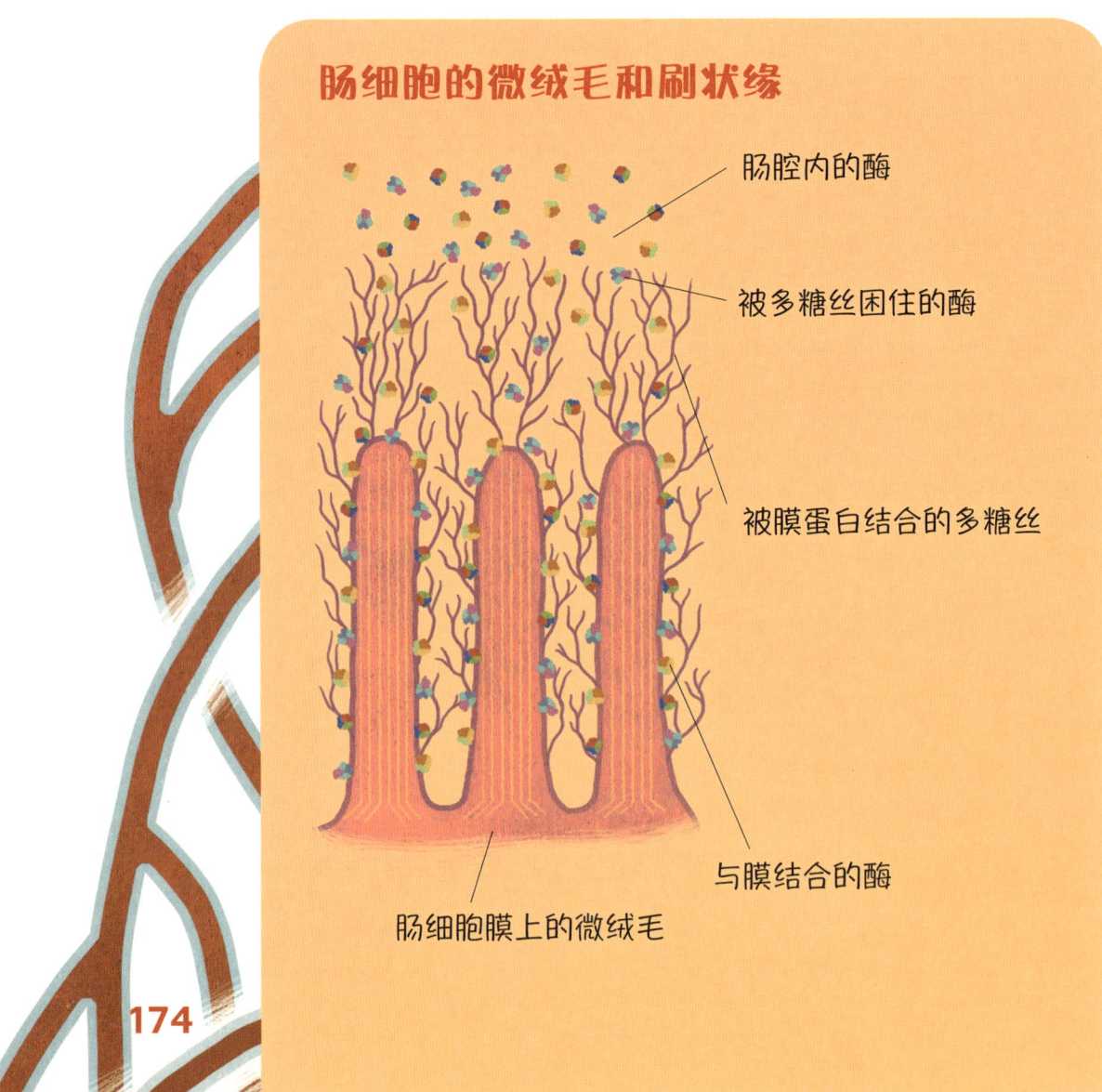

小肠不仅能完成消化过程，还能吸收消化产生的物质。小肠绒毛中有毛细血管和毛细淋巴管。氨基酸（蛋白质的消化产物）和葡萄糖（碳水化合物的消化产物）被吸收到血液中，脂肪则被毛细淋巴管吸收。

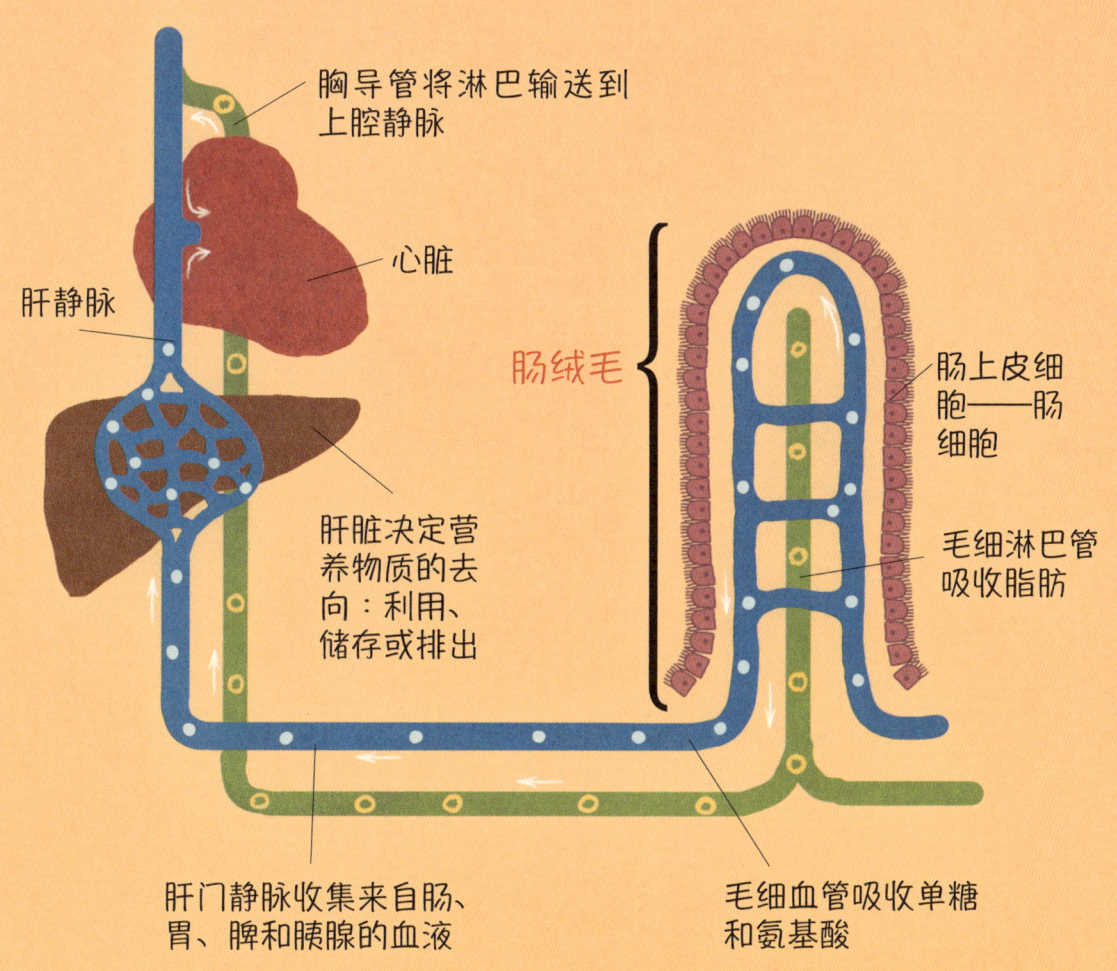

肠细胞膜上的微绒毛和刷状缘

大肠

小肠中未被消化的食物残渣进入大肠，它们的水分和盐分在大肠中被吸收。大肠是许多微生物的家园。这些微生物占据了三分之一的体积，它们负责消化植物纤维，产生人体十分需要的维生素B和维生素K。大肠黏膜上有大量淋巴结，因此肠道也是免疫系统的重要组成部分。

脱水和压缩后的食物残渣进入直肠，经肛门排出体外。

吸收到血液中的氨基酸和葡萄糖通过静脉到达肝脏，肝脏收集来自大肠、小肠、胃、脾脏和胰腺的血液，还接收来自主动脉的动脉血。

肝脏

肝脏是人体最大的腺体,重达2千克。肝脏位于腹腔右侧横膈膜的下方。组成肝脏的主要细胞是肝细胞,其结构单位是肝小叶。肝小叶中的毛细血管靠近胆管。肝细胞和毛细血管周围的巨噬细胞从血液中发现潜在的危险物质及有缺陷的血细胞。这些"战利品"被溶酶体酶分解,分解后的产物被排入胆管。

肝脏的上述功能称为屏障功能。除此之外，肝脏还能储存碳水化合物、维生素和微量元素，合成体内大多数血红蛋白，并产生一些激素和免疫蛋白。

　　肝脏毛细血管的管壁具有良好的渗透性，它们被肝细胞所包围。与毛细血管汇合的是胆管。

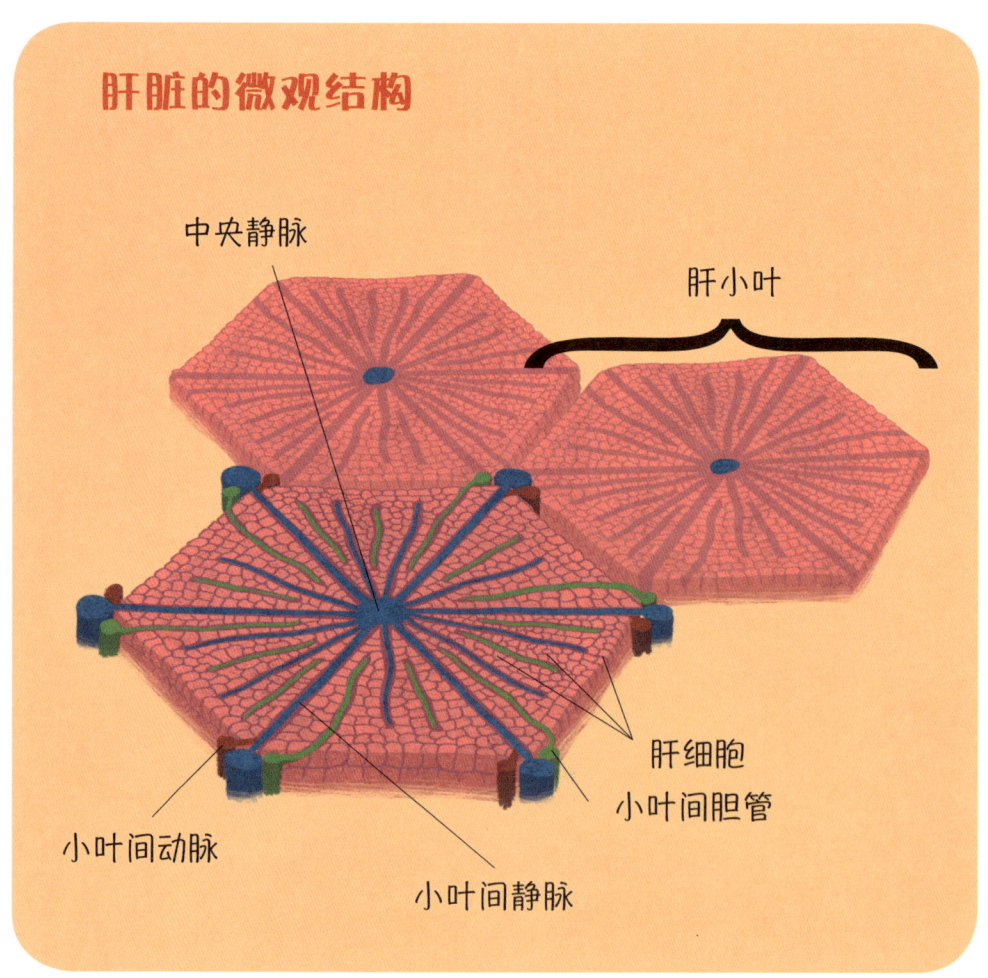

肝脏的微观结构

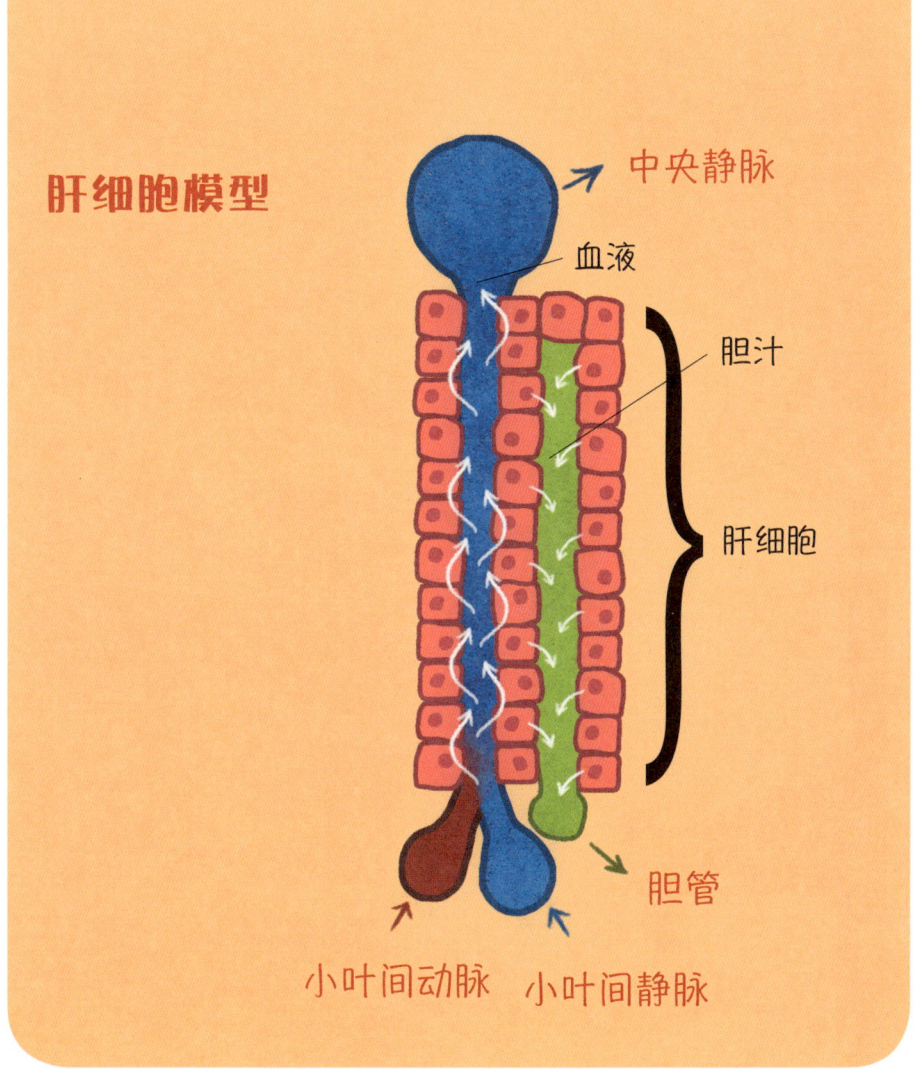

肠胃的工作受神经系统和多种激素的调节。

由此,咀嚼、吞咽、流口水的过程都具有反射性,由神经系统控制。胃受神经系统和激素的调节,胰腺、胆囊、小肠和大肠则更多地受到激素的控制。而直肠的括约肌受神经系统控制。

接下来,我们将参观人体的另一个"净化设施"——排泄系统。

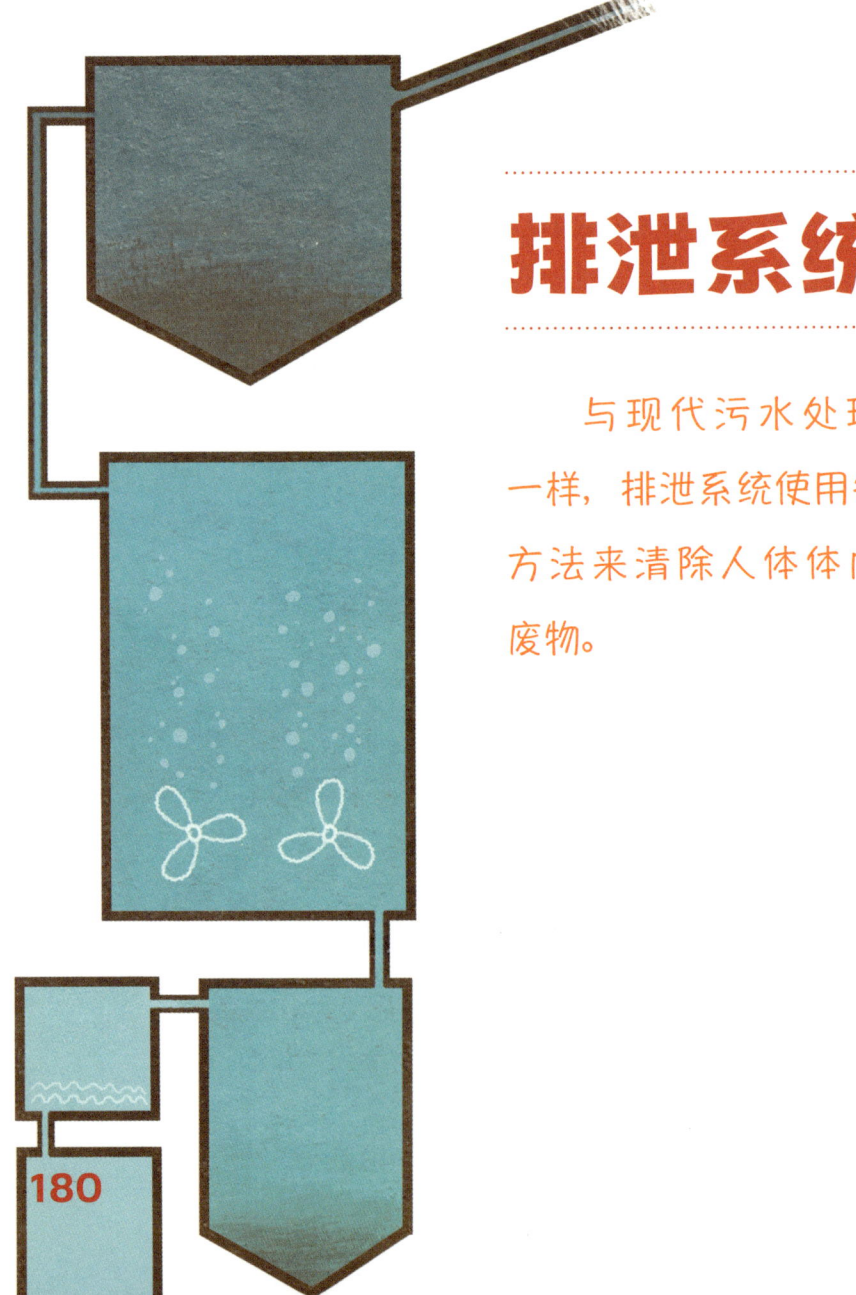

排泄系统

与现代污水处理厂一样,排泄系统使用各种方法来清除人体体内的废物。

其中一种方法是通过皮肤清除废物，这就需要利用皮肤上的诸多汗腺。通过汗腺排出的汗液不仅可以通过蒸发水分来给身体降温，还能清除多余的盐分和尿素。

另一种方法是通过肠道与胆汁排出废物。这种情况下排泄器官是肝脏。作为胆汁的一部分，胆色素（主要是胆红素，一种有毒的血红蛋白分解产物）、重金属盐、过量胆固醇和其他代谢物被排出体外。

肺等器官也参与排泄。它们把体内的二氧化碳和水与呼出的空气一起排出，同时排出的还有一些挥发性化合物，如酒精、酯类和醛类。

肾脏

不过，排泄体内废物的最主要的工作是由泌尿系统完成的，而泌尿系统的核心器官是肾脏。肾脏能够清除血浆中蛋白质代谢的最终产物，其主要成分是尿素。此外，它还能净化有机酸（碳水化合物和脂肪未完全氧化的产物）、盐和毒素。代谢物作为肾脏产生的尿液的一部分排出体外。肾脏中的尿液流入输尿管，在膀胱中汇集，然后通过尿道排出体外。

肾脏是成对的大器官，形状像豆子。它们长10～12厘米，每个重120～150克。肾脏位于腹腔后部最后一节胸椎的位置。右肾与肝脏相邻，左肾与胃和胰腺相邻。

肾脏的凹面朝向脊柱。这一侧（弧度小的一侧）是肾门，这里是输尿管、血液和淋巴管，以及神经通过的区域。肾脏的顶部是内分泌腺——肾上腺。从外部看，肾脏被含有平滑肌细胞的坚硬的膜所覆盖。

肾脏的解剖和功能单位是肾单位[①],它由肾小体(肾小球和肾小囊)和肾小管系统组成。肾小体集中在皮质,肾小管集中在髓质,而集合管则是肾小管输送内容物的管道,集合管流入肾盏。

肾小囊的形状就像一个双层玻璃杯。

---

① 肾单位,指肾的功能单位。——编者注

泌尿系统的结构

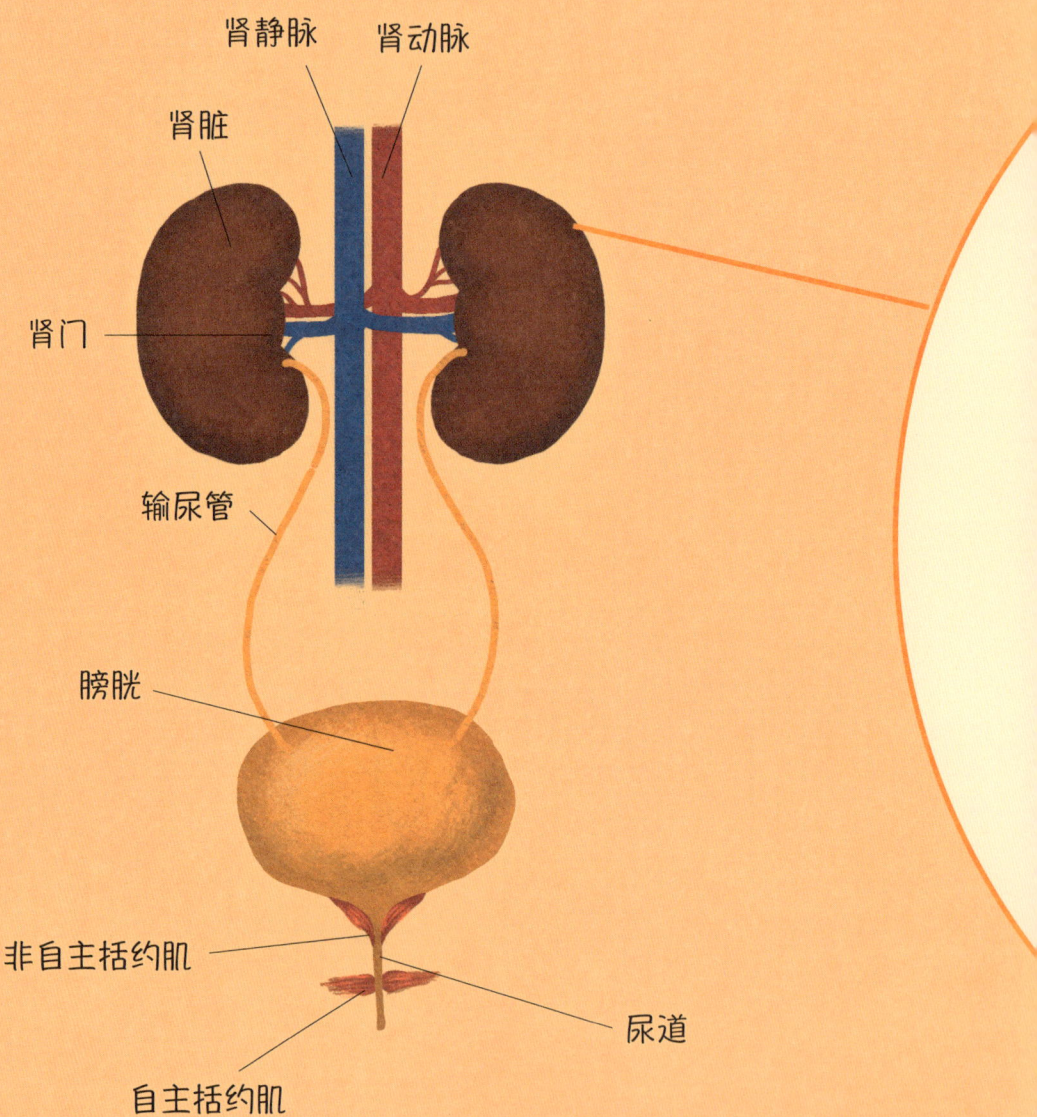

肾脏内部结构

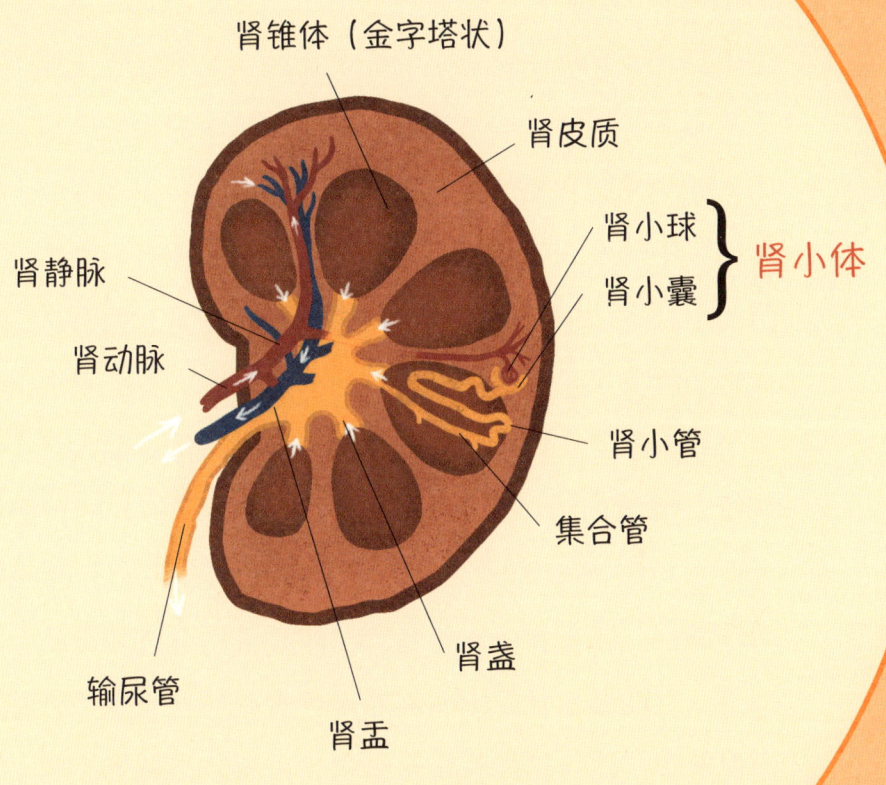

"金字塔"的顶端有一个漏斗状的"花萼",与肾盂相连。

肾小囊内有一簇毛细血管，血液通过入球小动脉进入毛细血管，并通过出球小动脉流出。肾小球毛细血管的结构与众不同：在其管壁的内皮细胞上有特殊的结构——穿透扁平细胞体的窗户。这些窗户在压力的作用下打开，允许一定大小的分子通过。毛细血管床成为一个具有选择渗透性的过滤器。毛细血管中的血压升高是宽的入球小动脉和窄的出球小动脉之间的直径差造成的。水和血浆中的所有矿物质、糖、氨基酸和其他对生物体有价值的小分子，以及代谢物（其中主要是尿素）都会从毛细血管中释放出来。

滤液聚集在肾小管周围的肾小囊中，然后流入肾小管系统。滤液的另一个名称是原尿。健康成年人的肾脏每天产生170～200升原生尿。肾小管最长的部分呈裙带状，叫作髓袢。肾小管流入集合管。曲小管内壁有特殊的上皮细胞，它能够从管腔中捕捉对人体有益的物质，并将其送回血液中。这一过程叫作重吸收，由内分泌系统控制。返回的物质被输送到的毛细血管网中。

肾单位的结构

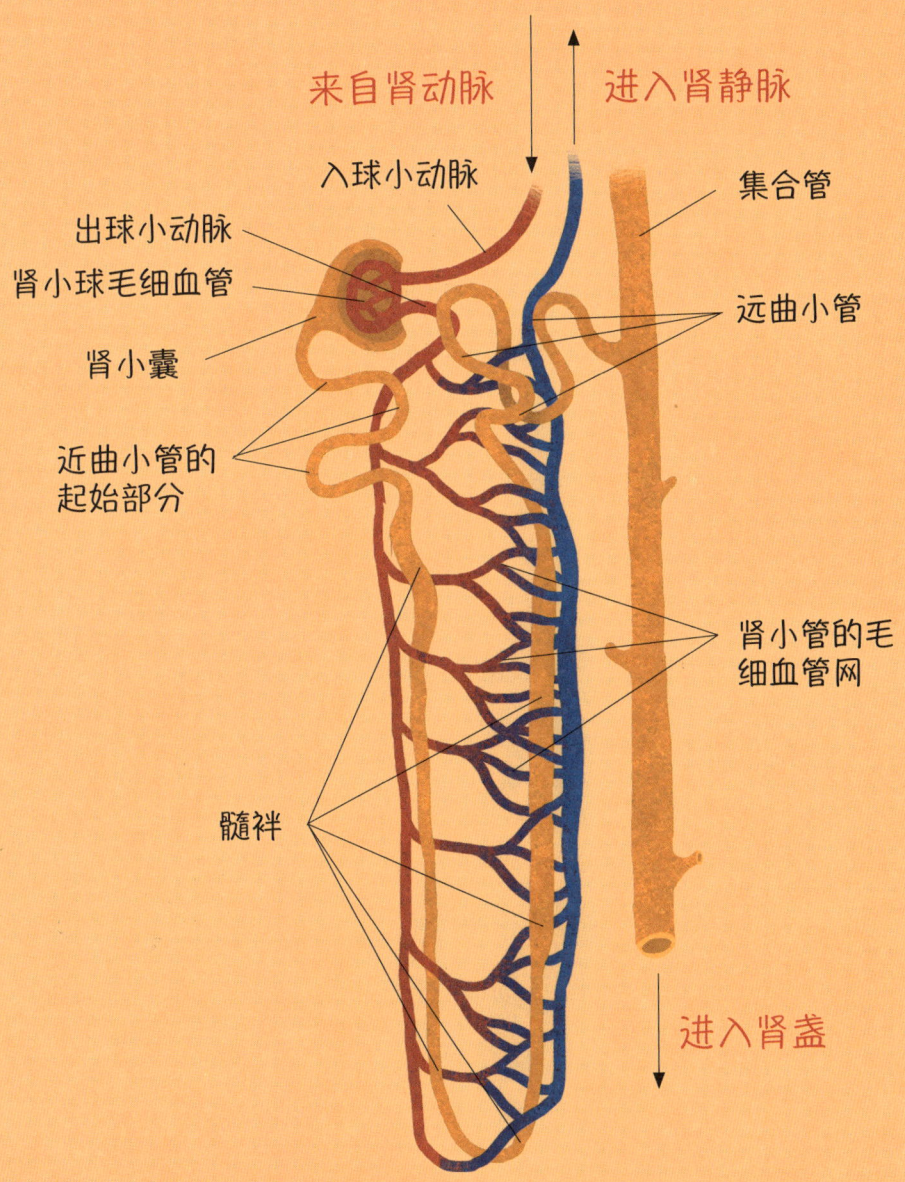

因此，集合管接收的溶液只含有要排出体外的代谢物。这种溶液被称为残余尿或终尿。一个健康成年人的肾脏每天大约产生1.5～2升终尿，其中包括尿素、尿酸、多余的盐分、色素和药物。

终尿从集合管流入肾盏，又从肾盏流入肾盂，从肾盂流入输尿管，再从输尿管流入膀胱。

膀胱

膀胱是一个有弹性的收集尿液的容器。尿道从膀胱伸出，旁边有两个括约肌锁。其中一个是由平滑肌形成的非自主性的括约肌，另一个是由横纹肌形成的自主性的括约肌。这些过滤器官协作，确保了排尿的顺利进行。到这里，我们在排泄系统中的游览也就结束啦。

免疫系统

在人体之旅的最后,我们要你介绍人体"武器库"中最神秘、最强大的"武器"——免疫系统。

这个系统能快速有效地识别传染性病原体,如细菌和病毒,并战胜它们。我们的身体里有两种免疫系统:细胞免疫和体液免疫。细胞免疫的主力是白细胞,我们在前面已经认识过白细胞。体液免疫能够确保人体战胜感染,而这一工作由抗体、干扰素等分子承担。

免疫系统如何识别"敌人"

很重要的一点是,我们的免疫系统会关注与感染相关的外来抗原。根据其化学性质,抗原通常是蛋白质或多糖的片段。免疫系统还能区分外来抗原和与之非常相似的生物体自身的抗原,因而不会攻击自身抗原。

免疫系统中枢和外周免疫器官中的B淋巴细胞和T淋巴细胞

免疫系统的中枢器官

红骨髓

胸腺

血液系统

外周免疫器官

免疫系统简介

淋巴细胞

免疫系统的"主力军"是淋巴细胞。与所有白细胞一样,淋巴细胞由红骨髓产生。在成熟初期,淋巴细胞分为两类。第一类(B淋巴细胞)留在红骨髓中,第二类(T淋巴细胞)进入胸腺。淋巴细胞成熟的最后阶段非常残酷:大约70%的B淋巴细胞和90%以上对自身抗原有反应的T淋巴细胞会死亡。换句话说,淋巴细胞会发生程序性自毁(凋亡),因为它们不能很好地区分外来抗原和人体自身抗原。虽然大量的B淋巴细胞和T淋巴细胞死亡,但仍有许多能够保留下来,保留下来的细胞足以对几乎任何外来抗原产生反应。

成熟的淋巴细胞进入血液,它们的外膜上带有敏感的受体蛋白。每种受体蛋白只能与一组特定的抗原结合,每个淋巴细胞只携带一种类型的蛋白受体。

B 淋巴细胞

在B淋巴细胞中，受体分子就像一个有两个叉的叉子或者拉丁字母"Y"。叉子的"柄"结构类似，但每种淋巴细胞的"齿"都是独一无二的。进入机体的抗原会与受体相遇，从而激活B淋巴细胞。

被激活的B淋巴细胞首先开始高速分裂，所有子细胞（"同一细胞克隆出来的细胞"）基本上都保持着"叉齿"结构。其次，克隆的大部分成员会变成浆细胞。浆细胞的主要功能是合成并向血液中释放大量抗体。

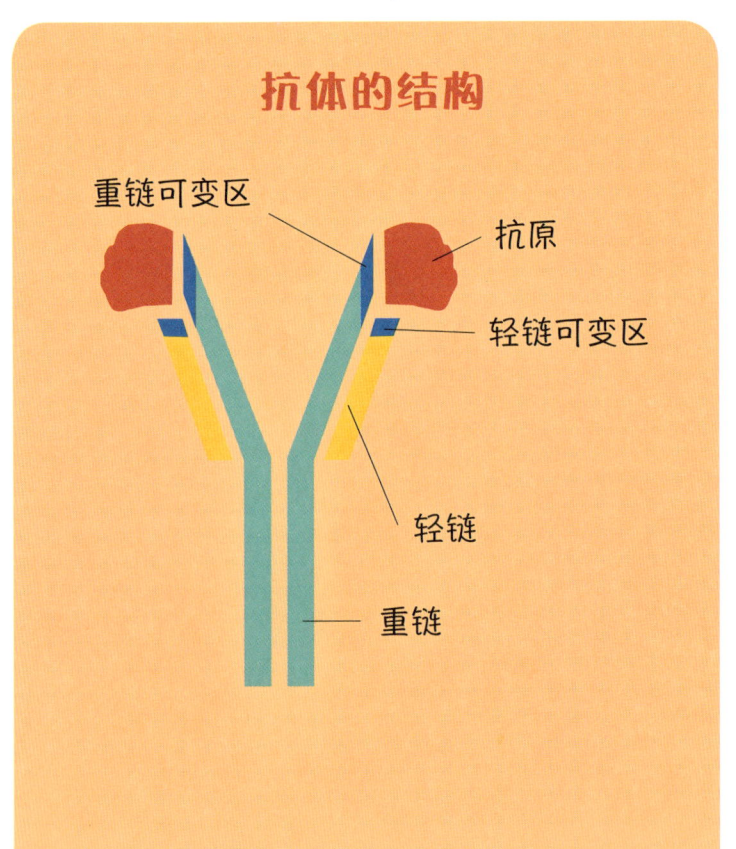

B 淋巴细胞和体液免疫

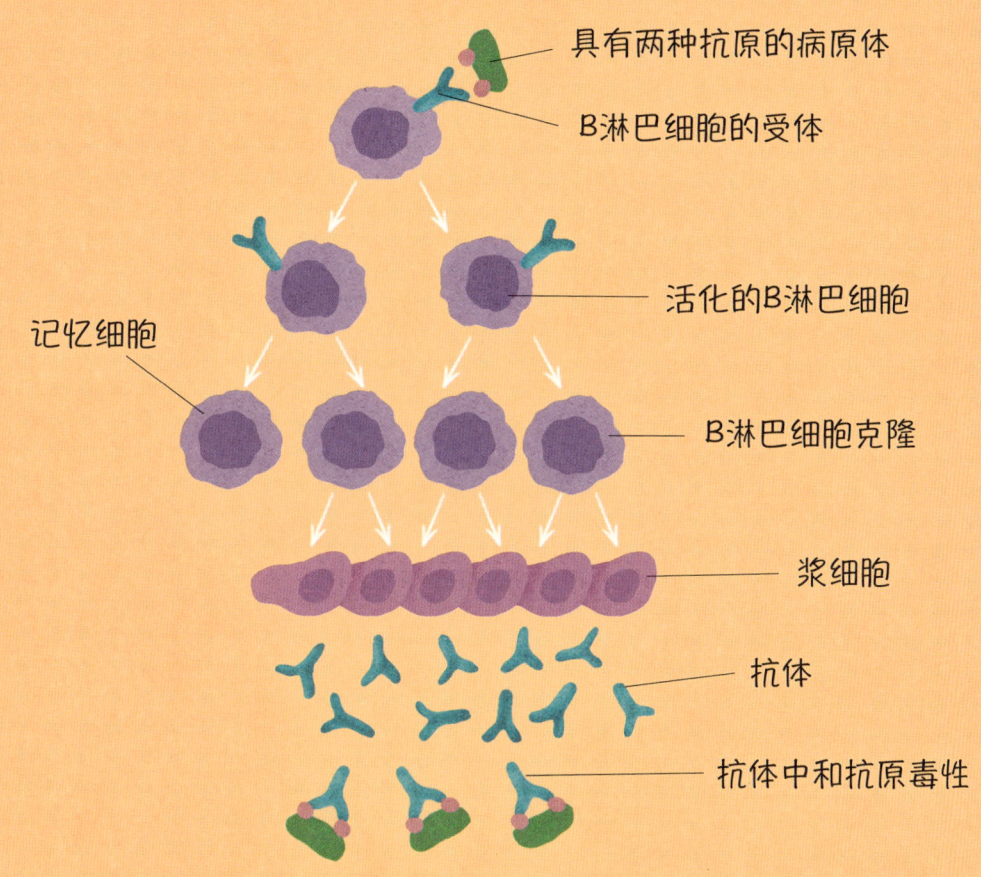

抗体或免疫球蛋白是外形像叉子的受体，保留了独特的齿状结构，但在柄的部分略有不同。齿状结构不再用于固定在B淋巴细胞膜上，而是用于吸引吞噬细胞——巨噬细胞和粒细胞。

抗体与抗原结合后，能够中和毒性。此外，抗体还能标记产生抗原的细菌细胞，使得细菌更容易被吞噬细胞发现。

抗体还能紧紧抓住病毒颗粒，使其失去穿透人体细胞的能力。

因此，抗体是一种"子弹"，B淋巴细胞借助它向远处的"敌人开火"。这种"子弹"击中目标后可以杀死或重伤"敌人"。

杀手和帮手

T淋巴细胞表面有抗原受体,其结构与抗体相似。被抗原激活时,T淋巴细胞的行为与B淋巴细胞不同。它们的行为取决于它们是杀伤性T淋巴细胞(杀伤细胞)还是辅助性T淋巴细胞(辅助细胞)。杀伤性T淋巴细胞被体内各种细胞表面的抗原激活。这些抗原从何而来?它们出现的原因可能是病毒感染,也可能是细胞变异。后一种情况可能会诱发肿瘤(包括癌症)。被激活的杀伤性T淋巴细胞迅速分裂,克隆出携带相同受体的子细胞,攻击细胞膜带有抗原的细胞。在攻击过程中,杀伤性T淋巴细胞会分泌特殊的蛋白质(穿孔素和颗粒酶),穿孔素在靶细胞膜上形成孔隙,颗粒酶则破坏靶细胞内的核酸酶。

上述防御机制对于持续对抗病毒入侵非常重要。病毒在细胞内，抗体和吞噬细胞无法进入。然而，受病毒感染的细胞外膜上通常会留下病毒入侵的痕迹。这些痕迹一般是病毒的蛋白质空壳碎片，它们就是抗原，有助于杀伤性T淋巴细胞检测出被感染的细胞。

辅助性T淋巴细胞的功能则完全不同。它们与吞噬细胞及其"亲属"——树突状细胞——相互作用。

与吞噬细胞不同，树突状细胞只能通过一种叫作"胞饮/吞饮"的过程来捕捉单个的分子。

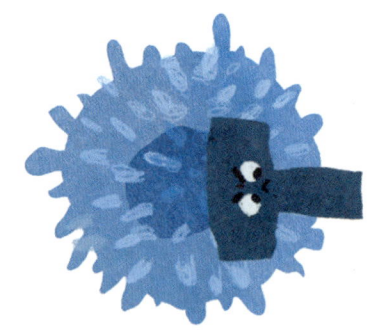

消灭外来物质（细菌、病毒、分子）后，吞噬细胞和树突状细胞的外膜上会显示抗原。辅助性T淋巴细胞通过其抗体样受体与这些抗原相互作用。识别到抗原后，辅助性T淋巴细胞不会攻击吞噬细胞（如杀手所为），而是去寻找被相同抗原激活的B淋巴细胞。途中，辅助性T淋巴细胞会反复分裂（再次克隆出细胞），遇到合适的B淋巴细胞时又会被激活。这一途径在患病初期尤为重要，因为此时病原体还很小，仅靠抗原对B淋巴细胞的影响不足以引发抗体的大量释放。

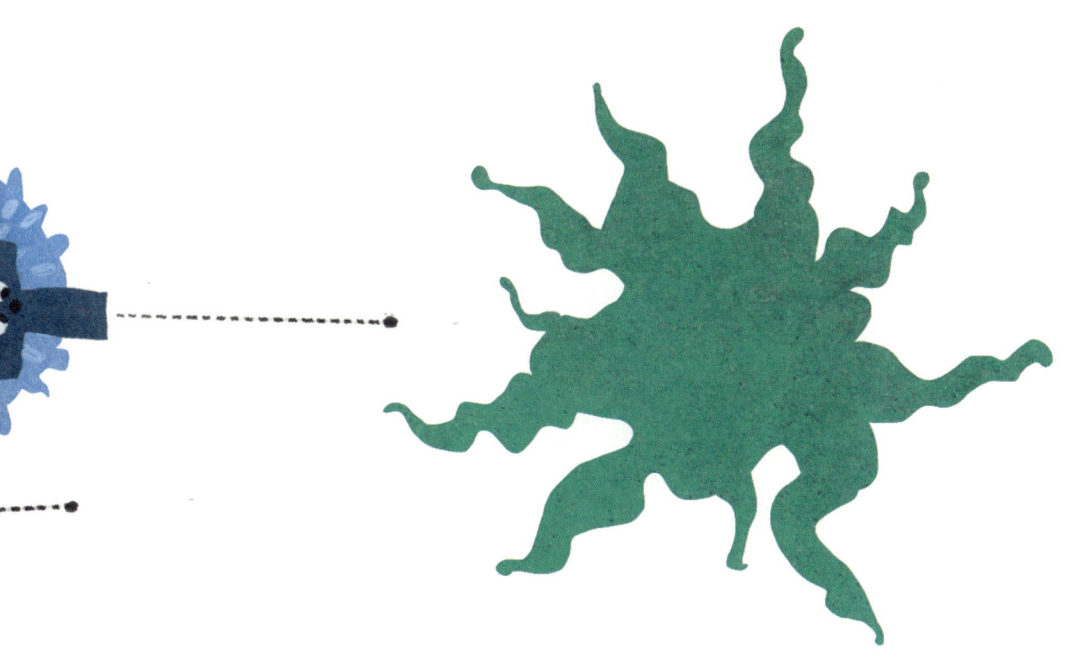

有一小部分淋巴细胞能够通过接触抗原而被激活，这些淋巴细胞被称为记忆细胞。它们会长期保持兴奋状态，再次遇到相同抗原时，就会开始快速分裂。这大大加快并加强了免疫反应，在1～2天后血液中的抗体就会达到很高的水平。

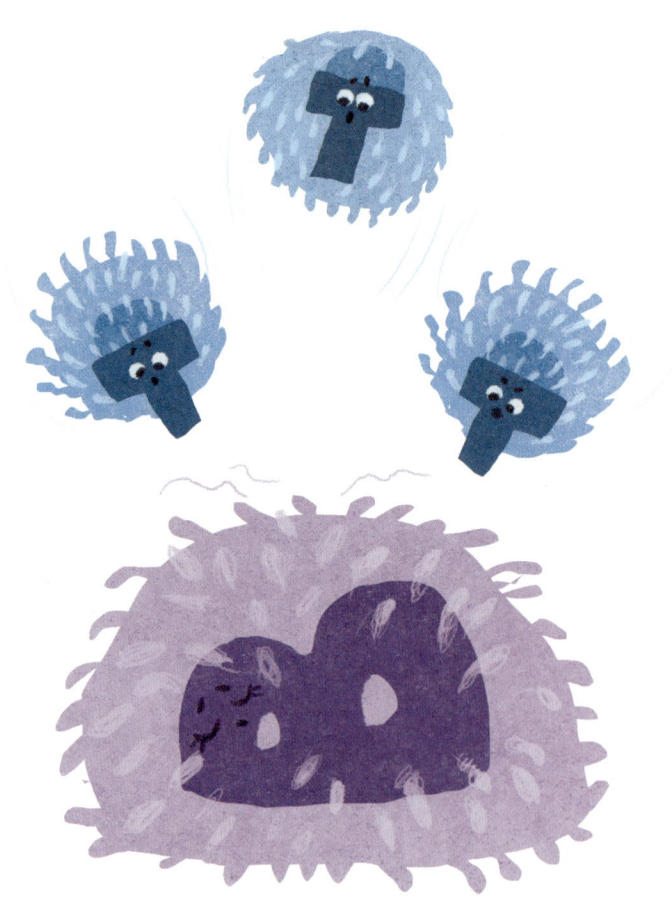

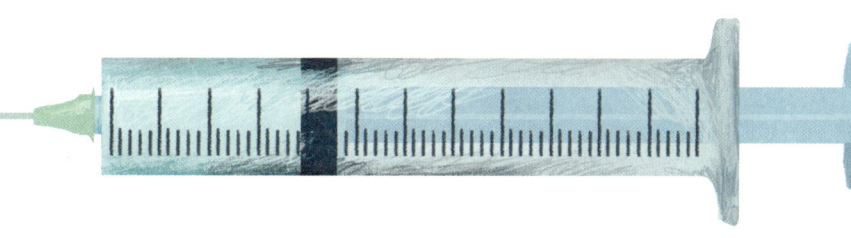

免疫类型

免疫系统的记忆效应是疫苗的理论基础。

最常见的疫苗接种方法是将十分衰弱或死亡的病原体或其抗原注射到人体内。免疫系统会做出反应，形成免疫记忆，但不会发病。遇到真正的病原体时，免疫记忆会迅速激活防御机制，使细菌或病毒来不及大量繁殖就被消灭。这样人体就能保持健康。

医学上将免疫分为自然主动免疫和自然被动免疫，以及人工主动免疫和人工被动免疫。自然主动免疫发生在患病之后。自然被动免疫是由母亲通过胎盘传递给婴儿的抗体产生的。出生后，这些抗体会保护新生儿一年左右，帮助婴儿建立自身的免疫系统。

人工主动免疫是在接种疫苗后产生的。在注射含有病原体抗体的血清后,就会产生人工被动免疫。这些抗体通常是从感染者的血液中分离出来的,或通过生物工程(单克隆抗体和细胞杂交瘤技术)产生。

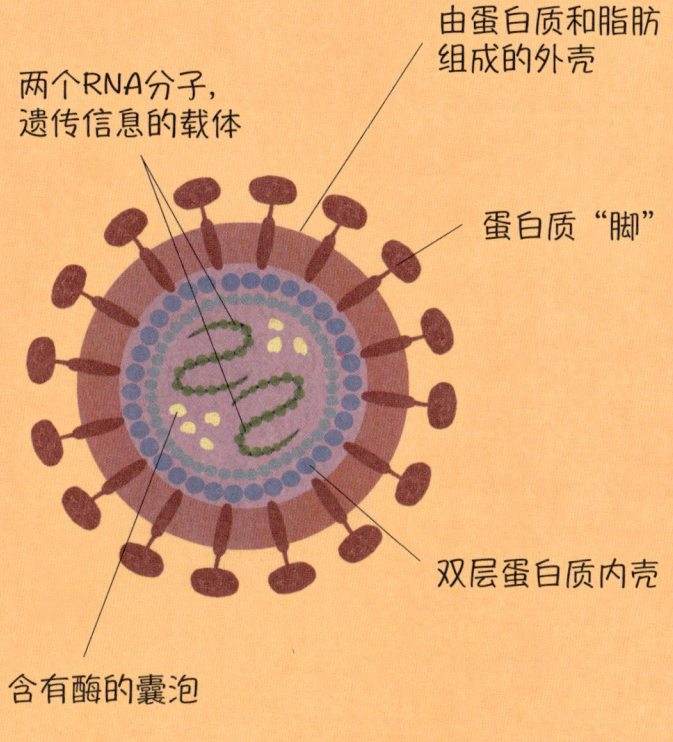

艾滋病病毒的结构

两个RNA分子，遗传信息的载体

由蛋白质和脂肪组成的外壳

蛋白质"脚"

双层蛋白质内壳

含有酶的囊泡

　　免疫系统的先天性疾病或淋巴细胞的感染，会对人类健康构成严重威胁。其中最著名和最严峻的是由人类免疫缺陷病毒（HIV，也称艾滋病病毒）引起的感染。

　　如果不使用特殊药物阻止人类免疫缺陷病毒的繁殖，就会在感染7~8年后出现致命的获得性免疫缺陷综合征，即艾滋病。

正如本章开头所说，我们可以将免疫系统分为细胞免疫和体液免疫两部分。先天性免疫最重要的组成部分是吞噬细胞。它们能够识别最典型的细菌和病毒抗原的基因。但是，传染性病原体的种类繁多，而且能快速变异。这就是为什么我们需要免疫系统和免疫反应的学习和记忆，从而来补充吞噬细胞的先天免疫知识。获得性免疫系统的载体是淋巴细胞，能够分裂并克隆出新细胞。淋巴细胞（更确切地说，是它们的受体）具有多样性。

只有先天性免疫系统和获得性免疫系统共同发挥作用，才能为人提供永久可靠的保护，使我们免受传染病的侵害。在两者的配合下，无论我们体内出现什么抗原，都会对其产生反应，包括形成抗体，专门阻断抗原并给吞噬细胞指明找到抗原来源的路。

激动人心的旅程已经结束了。很高兴向你们介绍奇妙的人体世界。希望你们也喜欢探索人体。最后，想问你们一个非常重要的问题：你们觉得是谁在控制所有这些复杂的系统？

要想找到正确答案，就必须踏上一段新的旅程《大脑与神经系统》，我们诚挚地邀请你们继续同行。

再会啦！

图书在版编目（CIP）数据

认识我们的身体. 神奇的人体之旅 / (俄罗斯)维亚切斯拉夫·杜贝宁, (俄罗斯)伊戈尔·谢尔盖耶夫著；(俄罗斯)佩尔什娜绘；代天骄译. -- 北京：中国画报出版社, 2024.11. -- ISBN 978-7-5146-2444-1

Ⅰ. Z228.1；R32-49

中国国家版本馆CIP数据核字第20242T974L号

北京市版权局著作权合同登记号：图字01-2024-3057

© text by Vyacheslav Dubinin, Igor Sergeev
© illustrations by Aliona Pershina
This edition is published by arrangement with AST Publishers Ltd, Russia.
The simplified Chinese translation rights arranged through Rightol Media
（本书中文简体版权经由锐拓传媒旗下小锐取得Email:copyright@rightol.com）

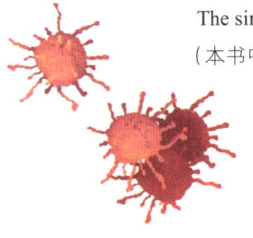
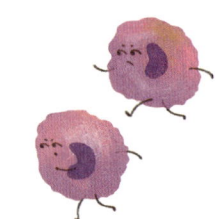

认识我们的身体． 神奇的人体之旅

[俄]维亚切斯拉夫·杜贝宁　[俄]伊戈尔·谢尔盖耶夫　著　[俄]佩尔什娜　绘　代天骄　译

出 版 人：方允仲
策划编辑：李聚慧
责任编辑：李聚慧
内文排版：赵艳超
责任印制：焦　洋

出版发行：中国画报出版社
地　　址：中国北京市海淀区车公庄西路33号　邮编：100048
发 行 部：010-88417418　010-68414683（传真）
总编室兼传真：010-88417359　版权部：010-88417359

开　　本：16开（787mm×1092mm）
印　　张：13
字　　数：80千字
版　　次：2024年11月第1版　2024年11月第1次印刷
印　　刷：北京汇瑞嘉合文化发展有限公司
书　　号：ISBN 978-7-5146-2444-1
定　　价：78.00元